ERNEST RAYNAUD

SOUVENIRS DE POLICE

(AU TEMPS DE RAVACHOL)

LETTRE-PRÉFACE DE M. LOUIS BARTHOU
de l'Académie Française

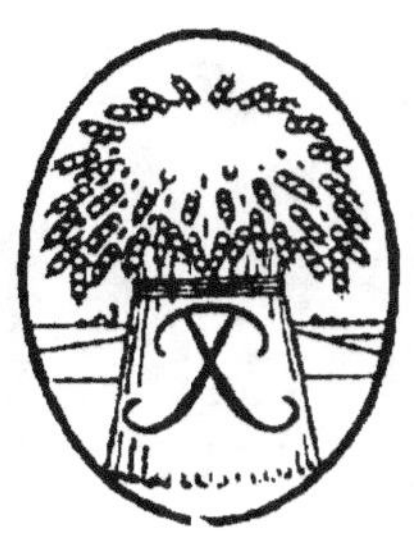

PAYOT, PARIS

SOUVENIRS DE POLICE

(AU TEMPS DE RAVACHOL)

DU MÊME AUTEUR

A PARAITRE

ERNEST RAYNAUD

SOUVENIRS DE POLICE

(AU TEMPS DE RAVACHOL)

LETTRE-PRÉFACE DE M. LOUIS BARTHOU
de l'Académie Française.

PAYOT, PARIS
106, BOULEVARD ST-GERMAIN

1923
Tous droits réservés.

A M. LOUIS BARTHOU

Respectueux hommage.

LETTRE-PRÉFACE

Paris, le 2 mai 1923.

Mon cher Ernest Raynaud,

Je vous remercie de m'avoir donné en primeur la partie inédite de vos Souvenirs de Police, et j'accepte très volontiers qu'ils me soient dédiés. Ils sont vivants, pittoresques, émouvants et leur indiscrétion, qui ne nuit à personne, sert l'intérêt public. Je leur souhaite le succès qu'ils méritent.

Pourquoi me les dédiez-vous? Parce que je fus votre chef? Cette gratitude professionnelle me touche et elle prouve que « le commissaire est bon enfant » ailleurs que dans Courteline. Mais le commissaire, si c'est vous, est aussi poète et bon poète. Les chères lettres nous unissent et vous leur faites, sous les auspices d'une police bienveillante, une place dans votre volume, qui ne sera pas l'un de ses moindres attraits. Pauvre et grand Lelian! Grand et bon Moréas! Vous fûtes leur ami et leur émule, et il vous faudra bien quelque jour, poursuivre de ce côté vos souvenirs avec l'autorité que vous a valu votre si savant volume sur Baudelaire.

«Ite!» disait souvent celui-ci. Allez! et instruisez-nous: vous avez de la mémoire et de la précision, de la verve et du tact.

Je suis votre tout dévoué.

Louis Barthou.

AVANT-PROPOS

Ces mémoires, où il est question du Code et des Muses, risquent d'éveiller la défiance, à la fois, des policiers pour qui la poésie n'est qu'un jeu futile, et des poètes, pour qui la police n'est pas loin de constituer un office dégradant. C'est que nous avons coutume de ne considérer les choses qu'à travers nos préjugés. Les premiers auraient tort d'oublier que « poète » ne signifie pas toujours « cerveau éventé », et les seconds qu'il faut rendre au mot « police » cette vertu d'origine qui respire encore dans son dérivé « policé ». Il y a des variétés en police comme en littérature. Je ne parle, ici, que de la police, protectrice et vigilante, telle qu'elle se pratique, à visage découvert, dans les commissariats parisiens. Celle-là n'a rien dont se puisse inquiéter un homme d'honneur. Bien au contraire, puisqu'il y expose son repos et ses jours, pour le salut commun.

Et quand il serait vrai que ces deux mots « police » et « poésie » hurlent d'être accouplés, ce n'est pas moi qu'il faudrait accuser, mais la malice du sort qui m'a précipité à leur double courant. J'y ai gagné d'apprendre qu'elles n'étaient pas inconciliables. L'imagination du poète, fertile en hypothèses, n'est pas inutile au magistrat chargé de débrouiller une énigme judiciaire ou d'identifier un malfaiteur inconnu, pas plus que l'expérience du magistrat, instruit des hommes et des choses, n'est inutile au poète, épris de chimères, et toujours en danger de se perdre aux étoiles. Un homme qui n'est point suspect de concessions bénévoles et qui se voulait l'apôtre du lyrisme intégral : Charles Morice, sentait bien la nécessité pour le génie d'interrompre son vol, par instants, et de reprendre pied dans la réalité. Il nous confie, quelque part « voulant connaître la société, je l'ai étudiée dans son centre : le Palais de justice ». Or, qu'est-ce qu'un commissariat, sinon l'antichambre et les coulisses du Palais de justice? Je dirai même qu'on y prend de l'humanité une mesure beaucoup plus exacte qu'en plein tribunal où les affaires n'arrivent que filtrées et où la présence du public ajoute un élément artificiel, soit que les prévenus s'en intimident, soit qu'ils y saisissent l'occasion de « plastronner » quand ils ne se contentent pas de réciter une leçon apprise par cœur. Le Palais de justice est un théâtre. Le commissariat est un confessionnal plus intime encore et plus révélateur que le cabinet du juge d'instruction, puisque entre le coupable et le magistrat, ne se dresse ni l'écueil des formalités juridiques, ni l'intervention de l'avocat. C'est seulement au moment de leur capture que l'on peut espérer des criminels désemparés un cri sincère, un aveu spontané. Ce n'est qu'au policier psychologue qu'il est donné de pouvoir fouiller à nu dans les mystères du cœur humain.

Mais pourquoi m'embarrasser de tant de scrupules? Gœthe n'a-t-il pas intitulé ses mémoires : *Dichtung und Wahrheit* (Rêve et Réalité). Ce titre appartient à tous les poètes astreints à « l'autre métier », à tous les écrivains qui ont dû mener une existence en partie double. Heureux quand cette dualité ne dégénère pas en conflits trop douloureux et se relâche en un point fusible, ce qui fut mon cas. On s'en convaincra, au cours de ces pages, et, plus encore, par la suite, s'il m'est permis de les poursuivre jusqu'à la fin de ma carrière administrative dont je n'expose, ici, qu'un court fragment.

ERNEST RAYNAUD.

SOUVENIRS
DE POLICE

AU TEMPS DE RAVACHOL

I

LE QUARTIER DE LA CHAPELLE

Passant, au cours des hostilités, place de la Chapelle, j'avisai entre les immeubles portant les numéros 14 et 20, un long espace vide. Un avis placardé laissait supposer que cet emplacement devait servir à l'édification d'un cinéma. C'est une société cinématographique qui, devenue propriétaire, l'offrait à louer, pendant la durée de la guerre. Les événements expliquaient l'abandon des travaux, mais s'il est vrai qu'un cinéma doive surgir de ces décombres (1), les films qui s'y dérouleront ne passeront jamais, en pathétique ni en intérêt vécu, les scènes dont ces lieux furent les témoins, car c'est là que se tenait jadis le commissariat de police du quartier de la Chapelle.

(1) Il en a surgi un en effet.

Je revois l'immeuble, vaste bâtiment muni de deux ailes, sorte de cité ouvrière en retrait de la rue, où l'on accédait par une immense porte cochère. Le commissariat était situé dans les dépendances de l'aile gauche, au rez-de-chaussée, sur la cour. Il participait de la pauvreté des logements avoisinants. Un vestibule; trois pièces de front, en enfilade; le bureau des inspecteurs, le cabinet du secrétaire, celui du commissaire. Ce dernier cabinet, avec son parquet ciré et ses doubles rideaux verts, offrait seul quelque apparence de confortable et de propreté. Le reste avait un air maussade et indigent, la salle des inspecteurs surtout, au carrelage ébréché, aux murs nus, enduits, à hauteur d'appui, d'un horrible badigeon chocolat et que l'ingéniosité des détenus, trompant la surveillance de leurs gardiens, avait couverts de « graffiti » suggestifs, tenait à la fois de la salle d'attente d'hôpital et du parloir de prison. Les fenêtres si basses qu'on les enjambait pour s'éviter un détour, ne découvraient pour horizon que la resserre d'un marchand de salaisons, aussi dépourvue d'agréments par l'élégance de sa silhouette que par la suavité de ses relents. Les fenêtres du commissariat ouvraient sur la promiscuité gênante de la cour. La maison entière était aux écoutes. Il fallait d'autant mieux ruser pour défendre le secret professionnel contre les curiosités en éveil que le commissariat, démuni de poste, ne disposait pas d'agents. On avait sans cesse à déjouer la malice attentive des commères lavant leur linge à la fontaine. Sous prétexte d'y rincer ses bouteilles, le garçon limonadier épiait les allées et venues du public. Le marchand de salaisons, râclant ses jambonneaux, semblait une sentinelle postée. C'était un espionnage incessant, sans compter les cardeuses de matelas qui, les jours de soleil, prenaient possession de la cour. Il fallait travailler fenêtres closes. Encore voyait-on, à la moindre alerte, se suspendre à la vitre plus d'un visage inquisiteur, d'où nécessité de se calfeutrer et de fermer les volets chaque soir, pour éviter que la lumière ne trahît les mystères du lieu par les ombres chinoises des rideaux. Oui c'est le soir surtout, quand la maison grouillait au grand complet de tous ses locataires libérés du travail, qu'il fallait se précautionner contre l'indiscrétion ambiante de ce coin potinier. Dès qu'un convoi de détenus était signalé au détour de la place, les étages se vidaient comme par enchantement, pour se porter à sa rencontre. Une galopade effrénée faisait sonner les escaliers. Les gens couraient faire escorte aux gardiens et, malgré leurs efforts, s'engouffraient à leur suite, dans le bureau comme au spectacle, heureux de se régaler gratis de pathétique et d'imprévu. Ils n'hésitaient pas à se mêler aux discussions, prenaient parti pour l'un ou l'autre, suivant la mine, sifflaient ou applaudissaient, suivant le caprice de leur humeur. Que faire pour s'y opposer ? C'était le nombre. Et comment user de rigueur vis-à-vis d'un public avec lequel on entretenait de bonnes relations de voisinage et qui, d'un bout de l'année à l'autre, s'offrait volontiers pour rendre de menus services. On s'en débarrassait au petit bonheur. Il se dispersait alors dans les débits du voisinage où les propos colportés et dénaturés, de bouche en bouche, transformaient les plus futiles incidents en affaires sensationnelles. Un vulgaire différend s'enflait aux proportions d'une attaque nocturne. Un inoffensif poivrot était donné pour assassin. Ainsi, toutes les affaires du commissariat se répercutaient dans les environs, y déchaînaient la fièvre et finissaient par mettre le feu au quartier où subsistaient encore les mœurs de province. Il n'était pas rare de voir les discussions dégénérer en bousculades brutales, en crépages de chignons, et des voisins, voire des époux, descendus paisiblement aux nouvelles, remonter chez eux, furieux, en échangeant des injures et des gifles.

C'est à ce commissariat populaire que je fus nommé secrétaire titulaire en 1890. J'y succédais à Oscar Méténier. Je m'y croyais exilé en pleine Béotie, et l'on va voir que j'y tombais, en dépit des apparences, en plein centre intellectuel. Si rébarbatif et si dénué de grâce extérieure que fût ce quartier, son destin semblait d'être hospitalier aux Muses. Le Symbolisme

n'y avait-il pas fait entendre ses premiers vagis-
sements avec le *Décadent* d'Anatole Baju ?
Pourquoi ? Était-ce par la secrète vertu atavique
d'un nom. Celui de la *Chapelle* et de certaines
de ses rues (de la *Madone*, de l'*Evangile*) témoi-
gnent d'un passé de foi et de ferveur. Là, disait-
on, Saint Denis, après sa décollation, en marche
vers l'emplacement de sa future basilique,
s'était arrêté, la tête entre les mains, pour évan-
géliser ses bourreaux. Cette légende substituée,
comme il est probable, à une autre plus ancienne,
venue du fond des âges, indiquait un lieu
né-consacré. Est-ce pour cela où parce que s'y
déroulaient les obsèques des rois, entrant dans
l'immortalité, que la rue de la Chapelle s'appelait encore, sous la Révolution, le faubourg de
a Gloire ? Toujours est-il que cet ancien village
ε la Chapelle fut jadis un lieu de miracles et
de pèlerinages, un foyer d'enthousiasme et
d'inspiration sainte. Pourtant, il semble en
avoir perdu le caractère avec le temps. Les gens
superstitieux qui croient à la vertu des noms
mettent ce changement sur le compte d'une rue
de création plus récente et qui plonge ses racines
dans le crime : celle du *Pré-Maudit*, dont la suite
de ces mémoires prouvera qu'elle n'a pas menti
à sa réputation. Ils l'accuseront d'avoir imposé
son influence maléfique au détriment des bonnes
et d'avoir imprimé à ce coin de Paris, jadis aimé des
dieux, riant séjour des Muses profanes et sacrées,
son cachet actuel de misère et de désolation.

OSCAR MÉTÉNIER

Oscar Méténier était le fils de Georges Méténier, attaché à la préfecture de police, qui avait publié plusieurs ouvrages spéciaux de vulgarisation à l'usage des fonctionnaires de cette administration, notamment un *Vade mecum du Code d'Instruction criminelle et du Code pénal* — un *Guide théorique et pratique de l'extradition des malfaiteurs*, présenté à l'Académie française (section des sciences morales et politiques) et une *Table alphabétique, par divisions politiques, des puissances, états, territoires, villes et principaux ports du globe, soumis ou non aux traités d'extradition avec la France,* mais il était surtout connu dans les commissariats par son *Guide pratique de police,* édité en 1885, à Paris, chez Larose et Forcel, 22 rue Soufflot, destiné aux apprentis secrétaires. C'était une excellente idée de vouloir venir en aide aux débutants, dont on s'était jusque-là trop peu préoccupé. Rien n'existait de semblable. Imaginez le désarroi d'un secrétaire nouveau promu, jeté, sans instruction préalable, dans la fournaise d'un commissariat, dont il avait, souvent, d'emblée, à assumer la direction et qui s'y débattait désespérément, au risque de s'y noyer, comme un nageur inexpert que l'on aurait précipité pour l'aguerrir en pleine rivière, dans la violence d'un courant. Le néophyte ne trouvait pas toujours un chef complaisant ou des employés disposés à perdre leur temps pour lui mâcher la besogne. Ce livre aurait dû être le bienvenu et salué d'applaudissements unanimes. Il fit sourire. C'est que l'auteur ne se contentait pas d'instruire, il voulait édifier. Il entendait non seulement guider les premiers pas du débutant dans une carrière épineuse, mais le moraliser. Par un excès de scrupule et de sollicitude paternelle (songeant sans doute à son fils) il mêlait à ses recettes utiles trop de considérations oiseuses, trop de lieux communs, de clichés sur les questions de préséance, de dignité personnelle, de vertu et de zèle administratifs. Cela eût trouvé plus décemment place dans un manuel d'éducation, un traité de civilité puérile et honnête. Les jeunes acceptaient bien qu'on les initiât aux secrets du métier, mais n'acceptaient pas qu'on leur donnât des leçons de politesse et de savoir-vivre, qu'on leur rappelât par exemple qu'il était de bon ton d'avancer un siège aux visiteurs et d'inviter les prévenus mêmes à s'asseoir. Ils trouvaient déplacées ces recommandations primaires d'écrire « droit et lisiblement », de « réserver une marge suffisante », d'épingler leurs dossiers d'« une façon correcte ». Ils n'avaient que faire de mouvements oratoires sur le but noble et élevé de leur mission. Ils n'avaient pas besoin d'être prémunis contre certains préjugés et de s'entendre dire :

Il fut un temps où l'on était arrivé à considérer le policier comme hostile à la Société, que la Préfecture de police a pourtant mission de protéger ; on s'éloignait de lui, on le fuyait, on cessait même toute relation avec lui ; il était un paria et considéré comme un espion, un homme de sac et de corde.

Les secrétaires de commissariats décidèrent que ce livre était ridicule et s'en gaussèrent fort. Le renom du brave M. Méténier père en souffrit. Il valait mieux pourtant que cette légende de simplicité fruste et de naïve candeur dont l'ironie de ses collègues essaya de l'accabler. Mais ce n'est pas d'une jeunesse orgueilleuse ni de cerveaux présomptueux de vingt ans, auxquels ce livre s'adressait, qu'il faut attendre des sentiments sages d'humilité prudente et de serviable équité.

Oscar Méténier n'avait rien des scrupules de son père ni de ses préjugés. Né à Sancoins (Cher), en 1859, c'était un petit homme brun, vif, souple, avisé, cordial et charmant. Le teint jaune des malades du foie lui prêtait l'apparence d'un Mongol ou d'un Japonais, ressemblance plus accentuée encore par la gentillesse de ses gestes menus, le froncement du nez et le bridement des yeux qu'il avait dans l'animation du discours. Le timbre chaud et caressant de sa voix dominait le tumulte des conversations, confisquait l'attention. D'une activité incessante, il recherchait le bruit et le mouvement. On eût dit qu'il y puisait son inspiration comme ces méridionaux qui ne pensent qu'en plein air, au milieu des coups de vent. Sa nature expansive quêtait les oreilles. La tête pleine de projets, de sujets de pièces ou de romans, il lui fallait toujours quelqu'un à qui les exposer. Il en jouait le *scénario* avec une mimique si expressive, une telle vérité de geste et d'accent qu'il douait de relief les choses les plus insignifiantes. Il essayait d'avance sur ses auditeurs ses effets de scène, lisait, dans leurs yeux, l'idée à poursuivre ou à rejeter, se modelait sur l'impression produite, les transformait en collaborateurs à leur insu, faisait profit de leurs remarques et n'avait plus, en les quittant, qu'à coucher par écrit le fruit de ses improvisations A ce système, il avait acquis une merveilleuse adresse à manœuvrer le public. C'était un homme de théâtre. Il n'abordait la représentation qu'à coup sûr.

Obligé de mener de front sa double existence de policier et d'homme de lettres, pressé en outre de se produire et de monnayer son talent pour suppléer à l'insuffisance de ses appointements et fournir à ses dépenses nécessaires, il prenait, pour écrire, sur son repos et sur ses nuits. Il se faisait gloire d'avoir bâclé dans l'espace d'un congé de quinze jours, un roman de trois cents pages, sans avoir cessé sa collaboration habituelle aux journaux. Il n'avait pas trente ans qu'il pouvait se prévaloir d'un bagage considérable de pièces, de romans, d'articles. Il ne s'embarrassait ni de fignolages, ni d'écriture artiste. Il s'était institué le peintre des bas-fonds. Il exploitait les faits divers qui se déroulaient sous ses yeux. Il s'y sentait d'autant mieux porté que le naturalisme était alors en vogue, bien que fort discuté. Zola même venait, à propos de *La Terre*, d'être renié par certains de ses disciples : Lucien Descaves, Paul Bonnetain, Victor Margueritte..., qui trouvaient qu'il abusait des détails scatologiques et qui lui opposaient Goncourt. Les polémiques n'avaient fait qu'enfiévrer l'opinion et déchaîner une effervescence dont Méténier entendait profiter. Il s'était enrôlé dans la phalange des écrivains nouveaux qu'avait mobilisés l'éditeur Kistemaekers (de Bruxelles) et qui s'employaient à nous convertir à l'évangile réaliste. Il y publia *La Chair*, recueil de nouvelles pimentées d'études d'argot. Bien qu'il fût l'un des derniers venus dans cette matière où avaient excellé tant d'illustres devanciers, bien que l'usage de la langue verte ait été depuis longtemps remis en honneur, puisque Richepin et Bruant en avaient gratifié les Muses mêmes, il sut manier la réclame avec une si prodigieuse habileté qu'il prenait figure d'initiateur et de chef d'école. Il se présentait sous le patronage de grands noms. Il avait adapté à la scène française la *Puissance des ténèbres*, de Tolstoï. Il avait obtenu d'Edmond de Goncourt l'autorisation de tirer une pièce de son roman : *Les Frères Zemganno*. Il obtiendra la même faveur de Maupassant pour *Mademoiselle Fifi* et la collaboration de Paul Alexis pour *M. Betzy*. Il s'auréolait ainsi de réputations établies. Il était devenu leur truchement officiel. Il était le pont qui les menait de l'élite au grand public. De là, son importance aux yeux distraits. C'était surtout un vulgarisateur, mais il mettait une ardeur si juvénile, un entrain si vivace à enfoncer les portes ouvertes, qu'il donnait l'illusion de percer des montagnes. Qu'on ne m'accuse point de sévérité. Voici ce qu'écrivait de lui, dès 1889, un littérateur de ses amis, mais clairvoyant : M. Eugène Morel.

M. Méténier est une intéressante, originale figure de la « génération montante ». Il est à part. Il est seul dans son genre, je ne vois absolument que lui : c'est un actif. En outre, comme tout actif, il a besoin d'une opinion faite, indiscutée, admise : il est naturaliste. Il est naturaliste comme on est chrétien. C'est d'ailleurs une religion de « j' m'enfoutiste ». Il croit, mais ne pratique pas. Il ne regarde à aucune compromission, écrira de l'Eugène Sue : La Vengeance de la Vieille Lisa, *des romans feuilletons, des pièces à truc, tout ce qu'on voudra, — au contraire, d'autres qui, ne croyant pas plus que cela au natu-*

ralisme et surtout n'aimant pas ça, pratiquent avec ferveur, en chrétien douteux qui prie pour se convaincre. Les plus naturalistes ne sont pas les plus convaincus du naturalisme. D'ailleurs, Méténier prendra, a même pris, un rôle considérable. Il a donné de bons coups de sabre; il fait de l'excellente besogne, non par ses œuvres, mais par leurs résultats. C'est, près du public, un bon acclimateur. Sa vie littéraire aura cet effet probable qu'à force de travailler à « se pousser » lui-même, il aura poussé les autres. Avoir donné au théâtre la Puissance des Ténèbres, L'Orage, avoir fait jouer la première œuvre en argot: En Famille, avoir poussé les gros mots à leur plus haut point, sans faire broncher le public, dans La Casserole, c'est un beau, un très beau rôle. Méténier a eu l'audace de faire jouer cela. D'autres, maintenant, auront celle d'entreprendre des œuvres vraies.

Et puis ça fait plaisir à voir, un homme qui n'est jamais embêtant, qui cherche du rire extérieur, qui est franchement superficiel. C'est rare. La Casserole est amusante. L'argot en est franc, il est vrai; nous avons ri. Maintenant, que ce soit fort, personne ne dit cela, c'est du diorama, une promenade dans les lieux rares de Paris, genre inépuisable.

Une combinaison pourrait servir cet esprit qui, évidemment, a de la valeur. Il peut être un excellent collaborateur, trouver un homme qui ait ce qui lui manque: la patience, la sincérité, le désin-

*téressement pratique, le haut amour de l'Art
et quelque chose qui est le talent, ou tout au moins
les côtés du talent qu'il n'a pas. Supposons que
cet homme soit paresseux, sans activité, d'un désintéressement exagéré, d'esprit lourd, sans vivacité,
ils pourront faire des œuvres viables, par le concours
de deux imperfections, deux paresses différentes :
la flemme assise et la flemme agitatoire, l'une
donnant le repos et l'autre l'animation nécessaire
à une œuvre.*

Oscar Méténier a considérablement écrit.
Il a entassé volumes sur volumes. Qu'en reste-
ra-t-il ? Ceux qui aiment ce genre de littérature
avouent se plaire encore à certaines pages de
La Chair et de *Madame La Boule*. Il sait soutenir l'intérêt, mais son observation est de surface.
Son argot même, encore qu'il fût par métier
capable de puiser aux sources, semble assez
conventionnel. Mais il excelle à noter un trait,
une attitude. Il recueille un mot déceleur, de
ces mots imprévus qu'on n'invente pas, de ces
mots savoureux et suggestifs qui suffisent à
illuminer un caractère, un état d'âme, tel celui
qu'il met dans la bouche du tenancier d'une
arène de luttes foraines, congédiant deux de
ses pensionnaires dont la dispute a fait scandale :
« Je ne veux pas qu'on fasse remarquer mon
établissement ! »

Il eût pu persévérer dans cette voie de nota-
tions exactes, mais la nécessité le pressait. Il
tombera au commerce, au tirage à la ligne, au

bas feuilleton et comme cela ne suffit pas encore
à le faire vivre et à satisfaire ses besoins d'argent
(il était possédé du démon du jeu), il compli-
quera ses soucis d'écrivain de ceux d'industriel
et d'*imprésario*. Il dirigera des petites scènes
d'à-côté, le *Grand Guignol*, et n'ayant plus le
temps de fournir à de si multiples besognes,
tenté d'utiliser tout ce qui lui tombe sous la
main, il lui arrivera la même mésaventure que
jadis à M. de Pourchamps. M. de Pourchamps
était un homme singulier. Il avait la manie de
ne pas signer ses propres ouvrages comme il
fit pour ses *Souvenirs de la Marquise de Créqui*,
mais de signer ce qu'il dérobait à d'autres. Il
publia un roman feuilleton : *Le Val funeste*
qu'il eût mieux fait d'intituler, comme on l'a
dit plaisamment, *Le Vol funeste*, car un journaliste malin, qui avait découvert la fraude,
en fit paraître, un jour, un chapitre précédé
de cet avis : « Nous donnons ici le feuilleton que M. de Pourchamps doit publier
demain. »

M. de Pourchamps n'avait pas licence de
répondre comme Boileau, accusé par Desmarets
d'avoir plagié Horace et Juvénal : « Mes larcins
me servent à faire une belle dépense et tout le
monde en profite », car le feuilleton était d'une
qualité médiocre et de pauvre régal.

Méténier avait trouvé dans l'héritage d'un
oncle, qui se mêlait d'écrire, un roman manuscrit qu'il croyait inédit et qu'il donna sous son

nom à l'*Eclair*. Il se trouva que ce roman avait été publié. La révélation fit scandale.

Méténier s'était ainsi discrédité dans l'opinion. Mais à l'époque où nous sommes, elle a les yeux fixés sur lui. Et il faut bien avouer que le succès a toujours ses raisons. Une œuvre ne réussit, même provisoirement, que si elle porte au fond d'elle-même, un élément d'intérêt, un cachet de nouveauté. L'originalité de Méténier fut d'avoir transporté l'argot au théâtre. On peut dire même qu'avec *En famille* et *La Casserole* il y a transporté le naturalisme qui n'avait pas encore osé déborder du livre sur la scène. On y avait bien joué *L'Assommoir*, *Nana*, *Au Bonheur des Dames*, mais accommodés au goût du public par Busnach, industriel du mélo. Il ne subsistait plus des romans de Zola qu'une pâle image pliée à l'esthétique de l'Ambigu. Cela ne se distinguait guère de la formule consacrée par *Lazarre le pâtre* ou la *Croix de ma mère*. Quand nous voyons, aujourd'hui, *L'Assommoir* représenté sur le théâtre National de l'Odéon, revêtu de l'estampille officielle, travesti en pièce morale, nous avons peine à concevoir les clameurs d'indignation que l'annonce des premières représentations avait jadis suffi pour déchaîner. Je me souviens de cette première représentation, donnée dans une atmosphère d'orage amassée par les criailleries des feuilles du jour; des craintes d'émeute, des abords du théâtre gardés par les municipaux, des cordons d'agents, sur le terre-plein de l'Ambigu, maintenant péniblement une foule soulevée ; des boulevards mis en état de siège. Comme tout cela nous apparaît aujourd'hui intempestif et ridicule ! Comme cela nous invite à prendre mesure de la sottise humaine ! Il suffit d'une apparence pour nous émouvoir. Si *L'Assommoir* de Busnach méritait quelque reproche, ce n'était pas celui de choquer les convenances. Toute l'âpreté du livre s'en était évaporée. Ce n'était plus qu'un plaidoyer en l'honneur de la tempérance, un réquisitoire contre l'alcoolisme, mais les hommes sont si ombrageux ! Un mot rouge agité suffit à les mettre en fureur.

Le goût du public ne fut pas long à évoluer. Ceux qui avaient manifesté avec le plus de conviction contre la représentation de *L'Assommoir* applaudissaient à tout rompre, quelques années plus tard, les pièces de Méténier d'une violence autrement corrosive. Le *Figaro*, si guindé, si soucieux de conserver un parfum de bonne compagnie, trouvait naturel d'offrir à ses lecteurs et d'introduire dans les salons bourgeois, le texte complet d'*En famille* où l'argot passementait d'arabesques un canevas de crapule et d'inceste. Le *Figaro* avait fait précéder son insertion d'une note d'excuse, il est vrai, mais rédigée en termes tels qu'elle pouvait passer pour une recommandation.

Méténier semblait donc parti pour la gloire.

Il avait pris part à la fondation du *Théâtre Libre* de qui l'on espérait une renaissance de l'Art dramatique, accaparé par les industriels et les faiseurs. Il en était l'un des fournisseurs attitrés. La violence de ses manifestes faisait croire à la solidité de sa conviction. Il fallait le voir aux premières, jouant l'emballement interpellant les tièdes, les contradicteurs, se campant aux rebords de sa loge pour commander les applaudissements, prenant à partie Sarcey et les journalistes, partisans du vieux jeu, qui affectaient de sourire aux pièces d'Ibsen, d'Hauptmann, et qui se trouvaient dépaysés hors de l'atmosphère du Vaudeville. Je l'ai entendu reprendre des soiristes boulevardiers dont il avait surpris le bâillement et qui regrettaient les fastes de l'Opérette, en leur criant, debout, à travers la salle, en pleine représentation de je ne sais quelle pièce norvégienne, lente, confuse et sombre : « Écoutez donc! cela vaut mieux que les cuisses de Mlle Une telle. » Ces sorties lui valaient une réputation d'apôtre. Il entretenait l'agitation par ses polémiques outrancières, dans les jeunes revues, tombait à bras raccourcis sur les réputations établies, ouvrait aux jeunes imaginations les délices de la Terre promise.

Ainsi, vers 1889, le commissariat d'Oscar Méténier était devenu un endroit bien parisien. A cette époque, les Bouffes-du-Nord, situés à proximité, donnaient la *Puissance des Ténèbres*.

C'était un succès formidable, malgré la boutade de Laurent Tailhade qui estimait que Méténier, ignorant à la fois le russe et le français, était peu qualifié pour une pareille entreprise. Il est vrai que Méténier s'était fait aider, pour sa traduction, d'un écrivain versé dans la langue russe : M. de Pawlowsky. La salle des Bouffes ne désemplissait pas. Il s'y pressait chaque soir un public de choix et, c'était, aux entr'actes, dans le bureau de Méténier, un défilé incessant d'hommes de lettres, de boulevardiers, d'artistes, d'actrices en renom. Tout ce monde en habit noir et en robes de gala, se mêlait, sans répulsion, à la clientèle ordinaire du lieu : filous, vagabonds, camelots, indicateurs et y circulait d'autant plus librement que par suite de la règle d'alternat, Méténier, les soirs où il était de service, devenait, en l'absence du commissaire, le véritable maître du logis. Les visiteurs sélects s'amusaient du spectacle de la misère, interpellaient les détenus au passage, leur glissaient, à l'occasion, une pièce d'argent dans la main par pitié ou simple caprice.

III

LÉON VILLE ET LES JEUX DU CIRQUE

L'entourage de Méténier ne manquait ni
de pittoresque ni de fantaisie. Que d'étranges
figures parmi ses familiers! L'une des plus
originales était, sans conteste, cet extraordinaire Léon Ville, ancien lutteur, qui avait su
se libérer de ses fâcheuses promiscuités, pour
parvenir à la considération et s'élever au niveau
de la bonne société. D'allure à la fois massive
et délurée, pas trop défiguré par la perte d'un
œil, souvenir sans doute d'anciennes aventures,
il avait gardé de son premier métier un sans-
façons cordial, un bagout amusant. Resté fervent de son art, il souffrait de voir la lutte
méprisée. Il rêvait de l'arracher au discrédit
des foires et de lui rendre le lustre qu'elle avait
jadis aux temps de la Grèce héroïque. Il en avait
rédigé l'histoire, dégagé les principes et profité
d'une place de moniteur, obtenue de la ville,
pour la réhabiliter et l'introduire dans les gym-
nases municipaux. Cela lui valut les palmes
académiques qui achevèrent de l'installer dans
le crédit public. Cette distinction constitua
définitivement, aux yeux de ses anciens compa-

gnons, le signe de son évolution bourgeoise. Ceux qui, présentement, s'applaudissent des bienfaits de la culture physique, ne doivent pas oublier que **Léon Ville** a contribué l'un des premiers à sa renaissance et qu'il en fut l'un des plus fermes artisans. Il écrivait à ce moment l'*Hercule du Nord*, un roman qu'il publia plus tard en feuilleton dans un quotidien, puis en volume, où il mettait à profit la connaissance spéciale qu'il avait des milieux forains et dont voici la fabulation : Un vieux lutteur professionnel, sur la fin de sa carrière, a rencontré dans un village perdu, au hasard de ses tournées, un jeune apprenti forgeron dont la force musculaire l'émerveille. Il rêve d'en faire une des gloires de l'athlétisme. Il l'endoctrine, lui fait luire un avenir doré et le décide à le suivre. Il s'établit entre les deux hommes l'une de ces solides amitiés de maître à disciple comme il s'en établissait dans l'antiquité, au *Portique*, entre philosophes. Les leçons portent leur fruit. L'élève, docile et zélé, ne tarde pas à se révéler comme une nature d'élite, un champion de première force auprès de qui, en matière de sport, toutes les célébrités du jour pâlissent. Le maître juge le moment venu de frapper un grand coup. Il s'improvise l'*impresario* de son disciple, lui obtient un engagement dans un cirque de Paris où il doit débuter, précédé de toutes les trompettes de la réclame, dans un numéro sensationnel. C'est une soirée appelée à compter dans les fastes du cirque. La salle regorge. Le tout-Paris sportif est là, mêlé à l'élite des professionnels. Après quelques numéros d'attente, auxquels on ne prête qu'une attention distraite, l'heure de l'épreuve définitive a sonné. Court entr'acte, durant lequel machinistes et employés envahissent la piste, dans le demi-jour des lustres baissés, pour manœuvrer les poulies et disposer les accessoires nécessaires, puis la sonnette électrique retentit. La lumière jaillit, aveuglante. L'orchestre se déchaîne en cuivres. Soulevant la portière, le héros apparaît, svelte, rayonnant, dans sa nudité de jeune dieu, salué de bravos frénétiques car il a déjà ses partisans. Il jongle avec des poids. Ce n'est là qu'un exercice préliminaire. Ses jeux, bien que témoignant d'une jolie adresse et d'une force peu commune, ne sont que pour mettre le public en appétit. Voici le miracle. Un trapèze est descendu du cintre. L'homme s'y accroche d'une élégante culbute, y reste suspendu de ses solides jarrets, la tête en bas. Il saisit de chaque main deux poignées d'acier qu'on lui offre et où se relie, à l'aide de chaînes et de courroies, un poids effroyable de chevaux qu'il s'agit d'enlever. Sur un signe, l'orchestre, qui n'a cessé jusque-là de déferler en vagues musicales, se tait. Un silence impressionnant s'établit. Un cri traverse l'air : *Go* ! Le trapèze remonte lentement et toute la masse s'ébranle, à mesure, aux yeux du public haletant. On voit les chevaux se détacher du sol. L'ascension se poursuit vertigineuse. Les respirations s'arrêtent. Les yeux effarés suivent le mouvement qui les aspire vers la coupole où ils demeurent suspendus. C'est un moment qui dure un siècle. Et tout redescend en ordre, lentement, jusqu'à terre. Le tour de force est accompli, l'orchestre se déchaîne à nouveau et toute la salle explose en acclamations délirantes. L'athlète, rétabli sur ses pieds, salue, sort, revient dix fois rappelé par l'enthousiasme. On voit la respiration haletante de ses muscles. Toute sa chair fume et ses cheveux ruissellent à ses tempes, comme s'il sortait d'une étuve. Il trouve, en sortant de la piste, un peignoir de flanelle et les bras tendus de son maître, ivre d'orgueil, où il s'abîme, épuisé de fatigue et de bonheur.

L'Hercule du Nord a conquis ses titres de maîtrise, mais son triomphe l'expose aux aventures. Sa beauté blonde et musclée fait rêver les femmes, tourne les têtes fragiles. Il reçoit des lettres parfumées et l'on voit le maître, inquiet pour l'avenir de son élève, monter la garde autour de sa vertu, le défendre des embûches et des tentations. Une nuit, que le jeune homme a déjoué sa surveillance pour accepter l'hospitalité d'une demi-mondaine en vogue, son Mentor qui a vent de l'aventure, n'hésite pas à le relancer jusque dans l'alcôve de la dame où il pénètre d'autorité, enfonçant les portes et à l'arracher de ses bras. Il le ramène en voiture et lui fait honte en lui montrant sur son corps dévêtu, les traces imprimées des morsures de la goule. L'adolescent, pris de remords, écoute, sans mot dire, la mercuriale méritée et baisse la tête, confus comme un écolier pris en faute. Il jure de rester chaste. Il sait que son art réclame jalousement toutes ses forces d'homme, mais l'Amour est rusé et la chair est faible. Il retourne bientôt à la femme dévastatrice et le châtiment ne se fera pas attendre. Il ne sent plus, dans ses exercices, la même souplesse ni la même agilité. Un beau jour, la catastrophe inévitable se produit. Il se casse les reins. Edmond de Goncourt avait déjà brodé sur ce thème ses *Frères Zemganno*, mais si le roman de Léon Ville restait inférieur aux *Frères Zemganno* par les qualités littéraires, il intéressait par la vérité des peintures et l'emportait par la valeur du document. Goncourt n'avait fait que transposer dans le monde des cirques, dont il ne connaissait les dessous qu'en profane, sa propre aventure. Il en voulait à la Mort de lui avoir enlevé la collaboration précieuse d'un frère aimé. Son roman avait un sens symbolique. Léon Ville nous offrait, telles quelles, des pages vécues. Il nous ouvrait un monde auquel il était initié, le monde de la roulotte, monde bizarre et mêlé qui a ses coutumes et ses usages particuliers. Il avait fréquenté les coulisses des cirques, il tutoyait les clowns, les écuyers, les amazones, les jongleurs et tous ces artistes déshabillés de soie, qu'on voit reluire, tantôt aux lueurs des quinquets, sous une toile ambulante, tantôt aux feux des lustres des capitales, tous ces héros vainqueurs des lois de l'équilibre, dompteurs de monstres et de chevaux, qui glissent dans l'espace à la façon de météores et traversent des disques enflammés; tous ces êtres prodigieux qui semblent à nos imaginations éblouies, vivre dans les régions célestes et qui meurent jeunes, les membres fracassés, ou traînent, rouillés par l'âge, dans la misère et la crapule, les restes d'une vie inutile et méprisée. Léon Ville en avait vu sombrer de ces divinités d'un soir! Il en savait long sur leur compte. On s'instruisait en sa compagnie. On voyageait, en l'écoutant, dans la pire société sans perdre les agréments de la bonne.

Il avait, à ce moment, Méténier en grande révérence et le suivait comme son ombre. Il lui inspira plusieurs contes et sa pièce : *La Revanche de Dupont l'Anguille*. Il en interpréta même le principal rôle, lorsque cette pièce fut représentée au *Grand Guignol*, rôle d'un lutteur forain. Il n'avait qu'à laisser parler sa nature pour y réussir. Il s'y montra parfait de silhouette et de jeu.

IV

OU JE RECUEILLE LA SUCCESSION D'OSCAR MÉTÉNIER

Comment, au milieu de tant de préoccupations étrangères, Méténier trouvait-il le moyen de satisfaire à ses devoirs de fonctionnaire ? Il faut lui rendre cette justice qu'il s'en tirait à son honneur, servi par une extraordinaire facilité de travail. Il expédiait une procédure en un tour de main et, s'il lui arrivait parfois de laisser s'accumuler la besogne, il avait vite fait, dans une heure d'entraînement, de rattraper le temps perdu et de liquider l'arriéré. Pourtant, ses absences fréquentes nuisaient à l'expédition des affaires courantes. C'est pourquoi il avait dû quitter le quartier de la Roquette, où il instrumentait précédemment, sous les ordres de M. Baron. Ce quartier populeux, débordé d'activité, sans cesse ballotté par la bourrasque des affaires, exigeait une présence constante, des qualités d'exactitude peu compatibles avec la nature de Méténier, dépourvu du sens de l'heure.

Il se trouva effectivement plus à l'aise à La Chapelle et si l'Administration n'avait rien de particulièrement grave à lui reprocher, elle s'effrayait du bruit qui allait grossissant autour de lui. Elle décida d'enrayer son avancement. Méténier ne fut pas appelé à concourir pour l'emploi de commissaire de police. Il s'en piqua et donna sa démission. C'était une grave détermination, car il était sans fortune et il jouait son avenir sur un coup de dés.

Le jour où, appelé, comme je l'ai dit, à lui succéder, je fûs lui rendre visite, je le trouvai sombre et inquiet. Je n'étais pas en peine pour lui. Je le savais de taille à se tirer d'affaire. Le *Gil-Blas* commençait la publication de son roman, *Madame La Boule*, qu'il écrivait au jour le jour, et son abattement me surprenait au moment même où il était l'objet de la part du journal, alors le plus répandu, d'un lancement monstre. Les murs de Paris étaient couverts d'affiches où son portrait s'étalait, où son nom figurait en lettres géantes. D'autres se fussent grisés de ce tapage, mais il est des heures décisives dans la vie, où la sérénité n'est pas permise. On ne quitte pas, sans appréhension, un abri sûr, un port certain, pour se jeter dans les aventures. Si confiant qu'il fût en son étoile, César ne dut pas franchir le Rubicon sans un tremblement. Méténier ne pouvait répudier, d'un cœur léger, un passé de discipline, d'efforts et de sages ambitions. Toute brisure a sa douleur même si elle vous libère. C'était l'adieu à une tradition de famille, à des camaraderies chères, à des affections sûres. Et peut-être, Méténier avait-il le pressentiment de son désastre futur. Peut-être entrevit-il le néant de sa carrière nouvelle et l'avortement de sa gloire. Il allait entrer dans un monde plus brillant, mais moins solide que celui qu'il quittait. Il allait y trouver des compétitions plus âpres, des aigreurs plus vives, des déceptions plus cruelles. Il n'y a pas d'enfer comparable à celui des lettres, et peut-être eût-il, en sondant l'avenir, la révélation soudaine de sa fin pitoyable, dans cette clinique de Saint-Mandé où devait mourir aussi, le précédant de quelques années à peine, son frère d'armes des premiers jours, celui qui lui avait consacré le premier article dans la Presse, bien qu'il fût le militant d'un idéal opposé, le noble et pur Jean Moréas. Tous deux devaient mourir au même endroit, du même mal, et, pourtant, d'une façon bien différente. Moréas s'éteignit, doré des premiers feux de la gloire, au milieu des hommages, entouré d'affections. La jeunesse littéraire veillait à son chevet. La presse publiait chaque jour son bulletin de santé. Sa mort fut considérée comme un désastre. Il eut des funérailles splendides. Un ministre paraphrasa sur sa tombe l'hymne célèbre: « La France a perdu son Orphée. » Méténier s'en alla seul, sombre, oublié. C'est à peine si quelques journaux mentionnèrent sa mort, sans l'accompagner du moindre commentaire.

Mon nouveau chef de service, le commissaire

de police du quartier de La Chapelle, M. D...,
appartenait à cette catégorie de fonctionnaires,
aujourd'hui disparue, et qui s'étaient faufilés dans
la magistrature à la faveur des événements
de 1870 sans offrir toutes les garanties dési-
rables. L'écharpe était alors accordée sans
examen. Le bénéfice de l'âge, à défaut de passe-
droit, suffisait à créer un titre à l'avancement.
C'était un bourguignon, non dépourvu de finesse
mais sans aménité, à la figure rouge, conges-
tionnée, au teint couperosé. Il faisait songer à
ces types pansus que l'on rencontre chez les
vieux peintres flamands, près d'une table en
désordre, affichant, le vidrecome en main, leurs
appétits sensuels, leur amour de larges rasades
et d'interminables beuveries, mais il n'avait
point leur mine réjouie. C'était un taciturne.
Des propos malveillants l'accusaient d'intem-
pérance. Je dois avouer, pour ma part, que s'il
me fut donné d'admirer la facilité avec laquelle
il engloutissait, au café, un nombre impressionnant d'apéritifs, je ne l'ai jamais vu s'oublier
jusqu'à perdre la notion des choses. S'il lui
arrivait, aux heures indues, de rentrer chez lui,
le pas mal assuré, on le sentait roidi par la
volonté de surmonter son trouble et de sauver
les apparences. Aux pires instants, il laissait
surnager un souci de dignité, de décorum et
d'en imposer autour de lui. Il fallait une observation bien attentive pour démêler son ivresse
à son bredouillement passager, au vacillement

furtif du regard. Néanmoins, si enveloppés
d'ombre et de précautions que fussent ses écarts,
si discrets qu'ils fussent rendus par sa nature
peu expansive, l'Administration en avait eu
vent et lui en tenait rigueur. C'était un sacrifié.
Il se sentait déporté à vie dans un quartier
pauvre, au casuel à peu près nul, et condamné
à rester, jusqu'au bout, commissaire de troisième classe. Il s'en aigrissait et faisait rejaillir
sa mauvaise humeur sur ses subordonnés. Il
ne décolérait pas contre les gens et les choses.
Il détestait l'humanité, mais il était rempli de
bienveillance pour les animaux. Il recueillait
les chiens perdus, les chats errants, s'en constituait la providence, d'ailleurs à bon compte,
car il en imposait le ravitaillement à ses administrés auxquels il les distribuait de force. Sa
manie d'intervenir, à tout instant, dans les rapports des charretiers avec leurs chevaux, lui
avait déjà valu mille désagréments. Il les eût
volontiers assommés pour éviter un coup de
fouet à leur attelage.

Son premier accueil m'avait glacé. Je sentais
qu'il nous serait difficile de sympathiser. Il
s'emporta contre Méténier, contre la presse et
la littérature, qu'il identifiait. Il ne voyait partout que des adversaires, et il est de fait qu'il
n'avait pas à se féliciter de l'attitude de la
Presse à son égard. On l'y blaguait constam-
ment. Méténier venait de tracer de lui, dans
Madame La Boule, qui paraissait en feuilleton,

un portrait peu flatté. Je ne sais s'il a laissé ce portrait dans le volume car il l'avait remanié à distance, son dépit refroidi, et avait élagué certaines réflexions désagréables pour d'autres personnages. C'est ainsi qu'il avait supprimé, dans le livre, une phrase du feuilleton concernant M. Boissenaud, contrôleur général, avec qui il avait eu maille à partir et où il alléguait que les fonctions de contrôleur général, telles qu'elles étaient comprises alors (car on les a assainies depuis), ne pouvaient être exercées par un honnête homme et il est de fait que l'extraordinaire M. Boissenaud se piquait peu de scrupules et qu'il sentait le roussi à plein nez. Les attaques de la Presse troublaient le sommeil du bon M. D... « Je ne veux plus voir, me disait-il, de journalistes au bureau. Flanquez-moi tout ce monde à la porte. Pour vous, j'ignore si vous valez quelque chose, mais il me plait de savoir que vous ne vous mêlez pas d'écrire. C'est une mince recommandation qui, pour l'instant, me suffira. »

Je ne sais s'il lut dans mes yeux, mais il jugea à propos d'insister et de me dire : « Auriez-vous quelque chose de commun avec tous ces gens-là ? » Je protestai d'autant plus librement qu'il parlait des « journalistes » et puisque dans son idée « journalisme et littérature » n'était qu'une seule et même chose, je me sentais disposé à lui répondre : « Cette chose, je ne sais pas seulement ce que c'est. » On voit que notre première entrevue n'avait rien de bien encourageant. Nous allions vivre dans un état d'hostilité sournoise et de méfiance mutuelle. Heureusement que cet homme grognon se désintéressait du travail du commissariat et n'y faisait que de rares apparitions. On lui portait à domicile à signer les pièces urgentes. Levé tard, il ne passait au bureau que sur le coup de midi ou de cinq heures, c'est-à-dire aux heures où j'en sortais. Le soir, de huit à dix, jamais. A ces heures-là, il établissait son quartier général au café du *Delta,* où l'on était sûr de le trouver à l'occasion.

En somme, c'est sur le secrétaire que retombait tout le poids du commissariat. Je ne m'en effrayai pas. Bien mieux, j'en rendis grâce au ciel. J'aimais mon métier, le plus noble et le plus captivant qui soit, et le plus digne d'exercer l'activité d'un humaniste et d'un psychologue. Je n'avais ni les visées ni les goûts de Méténier. Si j'aime la littérature, c'est pour elle-même, non pour les satisfactions de vanité ou d'argent qu'elle procure. Je déteste la notoriété parce qu'elle est une sujétion, et, d'ailleurs, l'eussé-je voulu, que je n'aurais pu m'imposer au public avec la facilité de Méténier, dont je ne possédais ni l'entregent, ni la facilité d'improvisation, ni les qualités de séduction. Qu'ai-je besoin, au surplus, de la foule des lecteurs? On ne peut la retenir qu'en l'amusant ou en se pliant à ses préjugés. C'est un rôle peu sortable à ma condition. L'écrivain trop achalandé ne s'appartient plus. Il se doit à l'opinion. Je serais désolé d'un crédit qui m'imposerait un masque officiel et m'obligerait à déguiser ma pensée en me donnant charge d'âmes. J'écris à mes heures pour me délivrer d'une obsession. Le plaisir que j'y éprouve me suffit. Au moins j'y gagne de pouvoir m'exprimer sincèrement en toute liberté. Me lise qui veut. Je ne demande pas aux gens de me croire. Je veux simplement les éveiller à la discussion. Ainsi, en parlant, je n'engage que moi. Je n'avais donc pas les raisons de Méténier de chercher l'agitation et le bruit. Son escorte tapageuse disparut avec lui. Si quelques courriéristes turbulents revenaient au commissariat par habitude, je ne faisais rien pour les retenir. Ils en désapprirent bientôt le chemin.

Ainsi le commissariat reprit, à ce point de vue, sa tranquillité, mais si je m'applaudissais de le voir restitué à ses attributions normales, il ne me déplaisait pas de songer qu'il s'y était dépensé une belle activité littéraire. Si, comme le disait Moréas, Méténier n'avait ambitionné que «d'être grand dans un art petit», il n'en est pas moins vrai que son action avait dépassé les limites de son art, qu'il avait joué, peut-être à son insu, un rôle important dans l'évolution du théâtre et qu'il avait bien servi la cause des lettres par son empressement à installer, dans le crédit public, des écrivains de valeur. Il n'y avait pas, autour de lui, que des boulevardiers, des faiseurs et des arrivistes. Il y avait aussi des convictions sincères, de la foi, de l'enthousiasme. Le commissariat avait été traversé d'un courant de ferveur. Il avait été l'antichambre du *Théâtre libre*. Il en fut un moment le quartier général. Là, comme au temps d'*Hernani*, les manifestants venaient à la veille des grandes premières, recevoir le mot d'ordre. C'est là que se rédigeaient les communiqués à la Presse, que se décidaient les manifestations qui allaient s'opposer aux cabales, enfiévrer la salle et les couloirs. De là, avaient jailli tant d'étincelles, destinées à mettre le feu à l'opinion. Là, s'étaient fondées des feuilles éphémères, des petites revues, la *Chronique moderne*. Il y avait eu, autour du pupitre sur lequel j'écrivais, de hautes et nobles discussions, des emballements d'école. Là, s'étaient rencontrés tous ceux dont le nom flamboie en tête des premiers contes de Méténier et dans ses dédicaces : Stanislas de Guaita, Laurent Tailhade, Paul Ginisty, Maurice Barrès, Armand Silvestre, Victor Margueritte, Jean Moréas, Henri Gauthier-Villars, Félix Fénéon, Albert Savine. Là, Edmond de Goncourt, avec ses yeux bleus, ayant gardé sous sa couronne de cheveux blancs son élégante silhouette d'officier de cavalerie, était venu conduit par Paul Alexis, entendre la lecture de l'adaptation des *Frères Zemganno*, dont il avait précédemment approuvé le *scenario*, mais dont il voulait connaître la version défini-tive. La main de Guy de Maupassant s'était fiévreusement promenée sur le rebord de cette table. Ce n'est pas en vain que ces murs avaient vu passer tant de célébrités. On eut dit qu'ils en avaient gardé un reflet et qu'un sourire en était venu aux vieux cartonnier noir, empli de paperasses, aux sièges vulgaires, à l'aspect misérable et renfrogné des choses. Un souvenir doré flottait dans l'air, rendait la respiration moins lourde. L'Art y avait laissé son empreinte.

V

LA CHRONIQUE MODERNE

La *Chronique moderne* qui avait reçu le baptême au commissariat, sur les genoux de Méténier, s'était installée à proximité, rue du Département et continuait à assurer le renom littéraire du quartier.

C'était une revue d'avant garde où collaborait l'élite des écrivains nouveaux, mais assez éclectique et qui paraissait mensuellement sous une couverture grise. Assez volumineuse (cent pages), elle inscrivait à ses sommaires les noms de Jean Ajalbert, Lucien Descaves, Rodolphe Darzens. Henry de Braisne, Hippolyte Buffenoir, Léon Hennique, Paul Alexis, Henry Lapauze, Jean Richepin, Léon Cladel, Camille Lemonnier, Maurice Bouchor, Gustave Geffroy, Henry Fèvre, J.-H. Rosny, Oscar Méténier, Georges de Lys, Maurice Rollinat, Paul Ginisty, Alfred Vallette, Rachilde, Léo Trézénik, Henri de Régnier, F.-V. Griffin, Mario Varvara, Louis-Xavier de Ricard, Jean Lombard, Gabriel Vicaire, Henry Béranger, Joséphin Péladan, Edmond Thiaudière, Élie Fourès, Paul Margueritte, Charles Buet, Jean

Lorrain, Paul Gigou, Fernand Mazade, Léon Deschamps, Ernest Tissot, Georges Rodenbach, Jean Rameau, Fernand Icres, etc...

Cette revue s'imprimait à Fécamp et avait ses bureaux de vente chez Paul Sévin, 8, boulevard des Italiens, mais les collaborateurs se réunissaient autour de Robert Bernier, rédacteur en chef. C'était un grand jeune homme doux, un peu voûté, d'apparence chétive, à la barbe et au cœur d'apôtre, qui devait mourir jeune, comme ceux qui sont aimés des dieux. Il rêvait d'imposer au monde un idéal de justice et de fraternité. Il voulait la paix définitivement installée chez les hommes. Il exposait ses théories socialistes d'une voix calme et posée. Sa parole douce s'insinuait et prenait à l'âme. Obligé, pour vivre, de tenir quelque part une comptabilité commerciale, il logeait, par économie, chez les époux Berger, où il prenait pension.

L'établissement Berger était un humble débit de boissons où l'on cuisinait le plat du jour à l'usage d'une clientèle ouvrière. Peu achalandé, sauf sous le coup de midi, où s'y entassaient des équipes de terrassiers et de maçons, échappés des chantiers voisins, il n'offrait d'autre luxe que celui de la propreté. Un lessivage fréquent, un va-et-vient incessant de torchons entretenait le luisant du comptoir et des tables de marbre, le vernis des chaises et des glaces, perpétuait l'éclat neuf des peintures. Là trônait, caressant et familier, le vieux Tom, un

énorme terre-neuve, bonne bête à poils noirs et
blancs, gâté et choyé, dont les moments d'ex-
pansion faisaient craindre pour la verrerie éparse
sur les tables, que l'étroitesse du lieu le forçait
à balayer du plumeau agité de sa queue. Son
immense corps, couché, suffisait à encombrer
la boutique, mais les clients respectaient ses
somnolences digestives et nul ne se hasardait
à le déranger. C'eût été contrister Mme Berger.
On préférait courir le risque de s'affaler au
milieu des chaises, en l'enjambant. Une seconde
salle, un peu moins exiguë, communiquait
avec le débit. C'est là que se réunissaient, à
période fixe, pour banqueter, les collaborateurs
de la *Chronique moderne*. Ces dîners sans faste,
sinon sans entrain, tiraient leur relief de la qualité des convives et de la nature des propos
échangés. Le patron, M. Berger, se mêlait peu
aux discussions. Il se contentait d'y intervenir
d'un discret sourire, mais Mme Berger, petite,
brune, grassouillette, fine, alerte, délurée, s'asseyait à table au milieu des gens de lettres et n'y
était nullement dépaysée. Elle n'ignorait rien
de leur vie sentimentale, intervenait discrète-
ment dans les affaires des faux ménages, cha-
pitrait les inconstants, consolait les délaissés et
trouvait toujours, dans les occasions critiques,
l'avis salutaire, le conseil profitable. Elle dirigeait tout ce monde un peu bruyant avec un
tact qu'eussent pu lui envier beaucoup de
maîtresses de maison. Les époux Berger avaient

un fils au lycée qui se préparait à l'ecole poly-
technique, où il fut admis.

Paris seul, riche en miracles, pouvait offrir
ce spectacle d'une jeunesse ardente agitantdes
discussions d'esthétique dans une arrière-boutique de bistrot et distillant une ambroisie d'art
au milieu de relents gargotiers. C'était une
mode, à cette époque, pour les esprits, de frater-
niser autour des tables. L'endroit importait
peu. La chère n'était qu'un prétexte. Il fallait
des prix modiques pour permettre un plus large
accueil et ne pas décourager les bourses indigentes. Les plus riches, les plus épris de friandises, se pliaient volontiers à cette nécessité et
faisaient de bonne grâce, à leurs confrères,
moins fortunés, le sacrifice de leurs préférences
Oublieux un soir de leurs aises, de leurs habitudes de luxe et de confort, ils affrontaient, par
amour des lettres, le brouet noir, la piquette
indigeste, l'alcool frelaté, les sièges incom-
modes, l'entassement pénible, la brûlure du gaz
dans l'air raréfié. Ce n'est plus qu'aux salons
mondains, dans les ateliers richement décorés,
et aux thés de cinq heures, que les jeunes se
rencontrent aujourd'hui. De là vient peut-être
le fléchissement des talents et des caractères.

Aux banquets de la *Chronique moderne*,
inaugurés en 1889, se trahissait l'indécision de
l'heure. On n'avait trouvé pour la qualifier
que ce mot d'*incohérence*, religion nouvelle,
dont Jules Lévy s'était institué le grand prêtre.

Tout vacillait. Tandis que la sédition boulangiste et les menées anarchistes achevaient de saper les fondements d'une société vermoulue, l'élite de la jeunesse, l'espoir de demain, dans le calme lointain du restaurant Berger, ambitionnait de la reconstruire sur un modèle nouveau. Du choc des idées, du heurt des convictions, se levaient, au dessert, de zigzagants éclairs précurseurs. L'air enfumé de tabac s'éblouissait parfois brusquement de lueurs fugitives. Tout l'avenir en suspens grondait là de ses orages futurs. On sentait les esprits, excédés d'un horizon trouble et de nuages lourds parmi les heurts et les tâtonnements, s'aiguiller vers une orientation neuve. Derrière le troupeau débraillé et cynique des convoitises affichées, passaient, dans les brumes du lointain, des figures dolentes et voilées. Huysmans avait jeté un pont entre l'art d'hier et celui de demain. Zola lui-même sentait le besoin d'écrire le *Rêve*. Il y avait toujours là des partisans de Taine, de Renan et de Herbert Spencer, mais d'autres venaient de découvrir Stendhal, Nietzsche et Tolstoï. Tandis que Léon Bloy, renchérissant sur Barbey d'Aurevilly et Louis Veuillot, jetait l'anathème au monde athée, Joséphin Péladan préludait au renouveau mystique avec son *Ethopée*. A des Esseintes succédait M. de Phocas. Ruskin, suscitant les esthètes, prêchait la religion de la beauté. Partout se dressaient des autels aux dieux incon-

nus. Un souffle printanier annonçait les berge-
ries de Francis Jammes, les élégances trianesques
et les carnavals vénitiens d'Henri de Régnier,
les fresques mythologiques de Vielé-Griffin et
les *Panathénées* romanes. Les yeux brûlés de
l'orgie naturaliste, appelaient, à la suite de Verlaine, les horizons bleus de Watteau, l'enchantement des nuits élyséennes peuplées de fantômes. Albert Samain évoquait la mélancolie
des clairs de lune, au long des terrasses du
Jardin de l'infante. Un murmure secret s'éle-
vait des jets d'eau et des sources où Narcisse
mire son image.

En regard de ces extases et de ces raffinements,
se poursuit l'œuvre sanguine et brutale des réalistes, mais dans d'autres conditions. L'institution du service militaire obligatoire a mêlé les
fils du peuple et de la bourgeoisie. La friction
fut rude. Les esprits en sont sortis modifiés.
Leur horizon s'est élargi. Les disciples des
Goncourt et de Flaubert abdiquent leur parti-
pris d'indifférence de la chose publique et
prêtant l'oreille aux suggestions de Jules Guesde,
rêvent, comme le *Philippe* de Maurice Barrès,
de « concilier les pratiques de la vie intérieure
avec les nécessités de la vie active. » Lucien Descaves, Abel Hermant, Paul Bonnetain, Henri
Fèvre, Georges Darien, à peine échappés du
régiment, nous étalent les « misères du Sabre »
en attendant de mettre à nu les plaies de notre
organisation sociale. Dans leur hâte d'assister

à l'avènement d'une société meilleure, nombre de jeunes écrivains sont bien près de faire cause commune avec les révolutionnaires anarchistes. C'est à qui démolira les préjugés, les fictions, les partis-pris, les conventions mondaines. C'est à qui déchirera le « pacte du mensonge » dont la société bourgeoise, au dire de Péladan, a besoin pour s'estimer. Paul Adam s'y emploie et Laurent Tailhade et les frères Rosny et Robert Bernier et Adolphe Tabarant et d'autres, qui, pris d'un beau zèle de militants, organisent des conférences populaires et veulent initier aux joies de l'esthétique, les ouvriers des faubourgs. Ils ne mettent plus leur espoir à se libérer de fâcheuses contingences, comme les irréductibles du dilettantisme, nuance Hugues Rebell, dans l'union des trois aristocraties (celle du nom, celle de l'argent et celle de l'intelligence). Ils ne voient plus de rénovation possible que celle qu'apportera la démagogie triomphante. Il n'est pas jusqu'à Maurice Barrès, transfuge de ce même dilettantisme, qui ne descende de sa tour d'ivoire dans la rue pour prendre part à l'agitation boulangiste. C'est que le monde est en proie à l'inquiétude.

Et il y a toujours, au fond des esprits, le malaise produit par la défaite, le sentiment angoissé d'une liquidation inévitable un jour ou l'autre. Cette peur du lendemain hante tellement les cerveaux qu'on voit un professionnel de la blague, Théodore Cahu, après avoir publié vingt volumes de nouvelles polissonnes à l'adresse des «je m'enfoutistes» boulevardiers, s'interrompre soudain de ses facéties égrillardes pour écrire une œuvre sérieuse, tout à fait technique, pleine de documents précieux à l'adresse des spécialistes militaires : *l'Europe en armes en* 1889, où il pousse le cri d'alarme et nous met en garde contre une agression probable de l'Allemagne.

Et Robert Bernier, en se faisant l'écho de cet avertissement, ajoutait :

« *Nous sommes de ceux qui pensent que le colossal empire germanique n'en a plus pour longtemps à vivre ; il a dans le ventre un gênant socialisme qui finira par le tuer avant qu'il soit peu ; heureusement pour l'Europe entière. En attendant, on a raison de se préparer. Il faut toujours se défier des agonies de fauves* (1) ».

Paroles prophétiques dont la réalisation se fera attendre un quart de siècle.

Le premier dîner de la *Chronique moderne*, auquel j'assistai (c'était le vingt-neuvième), réunissait le Dr Paul Blocq, Ch. Henry Lapauze, Henry de Braisne, Élie Fourès, Eugène Morel, Ch. Bonheur, Th. Natanson, A. Changeur, Manuel Fays, Jules Guillebert, Henry Béranger, Mario Varvara, Robert Bernier, Gabriel Vicaire, Charles Buet, Rodolphe Darzens et le futur académicien Henri Bordeaux.

(1) Cf. la *Chronique moderne,* 20 juin 1889.

VI

LE PERSONNEL DU COMMISSARIAT

L'un des deux inspecteurs du commissariat, le père G..., comme on l'appelait familièrement, était un vieillard abruti par de longues années de vie administrative et routinière, de privations, de malheurs domestiques, de déboires conjugaux. Avec sa longue barbe blanche, son bâton recourbé et sa pèlerine à capuchon (toujours rabattu sur les yeux), il offrait, dans la rue, l'image d'un pèlerin, en quête de la pitance quotidienne. Une femme acariâtre, une fille mal tournée, un gendre alcoolique et brutal l'avaient fait tomber à la boisson et amené ur. état voisin de l'imbécillité. Il avait roulé dans tous les commissariats par disgrâce et échoué au quartier de la Chapelle où on le tolérai ; par pitié, en attendant l'heure prochaine de sa mise à la retraite. Il demeurait à l'autre bout de Paris, au fond de Grenelle, sa femme s'obstinant à ne pas déménager sous le prétexte fallacieux d'esquiver les frais de déménagement qu'ils étaient hors d'état de supporter, mais, en réalité, pour être plus libre et se débarrasser d'un mari gênant. Il ne rentrait pas déjeuner chez lui, à cause de la distance, pas plus qu'il ne rentrait dîner les jours où il était de grand service. Comme sa femme ne lui donnait chaque matin, pour s'alimenter, que quelques sous dont il dépensait la majeure partie à boire, il trompait sa faim, en se répandant, à l'heure des repas, chez les mastroquets du quartier, empressés à lui offrir l'apéritif. Cet inspecteur n'était capable que d'un travail mécanique. Il tenait le *Répertoire*. Il employait un temps infini à y transcrire les affaires, d'une écriture moulée de comptable, avec un grand luxe de majuscules déliées et de fioritures fantaisistes. Irritable lorsqu'il était à jeun, il envoyait promener le public qui l'exaspérait. Il tombait dans un engourdissement profond lorsqu'il avait bu et s'irritait d'être dérangé. Les soirs d'hiver, où il était seul à assurer le service, il n'hésitait pas, pour esquiver tout risque de dérangement, à s'enfermer dans le bureau à double tour et, s'endormant dans son fauteuil à la chaleur du poêle chauffé à blanc, y ronflait tout son saoûl. Il lui arriva, maintes fois, d'y passer la nuit et de ne se réveiller qu'au petit jour. Le quartier aurait pu brûler sans le tirer de sa torpeur.

L'autre inspecteur, un nommé Barbier, tout fraîchement nommé, sortait du régiment. Ancien sergent-major habitué au commandement, il ne supportait pas les observations de son collègue. C'était entre eux des piques continuelles, un échange incessant de mots vifs ou de sous-entendus blessants qui, parfois, dégénérait en vraies disputes. On les voyait se jeter les registres à la tête. Autant le père G..., vêtu de vieilles nippes, avait un aspect négligé, autant son collègue était soigneux de sa personne. Celui-ci était un bon serviteur, intelligent et dévoué, mais d'une humeur un peu sombre, comme s'il se sentait voué à la malchance. Et il est vrai qu'il avait essuyé, pour ses débuts, une petite mésaventure propre à l'édifier d'emblée sur les risques et les épines du métier. Appelé un jour à refouler le public qui s'était amassé devant le commissariat, à la suite d'une arrestation mouvementée, il reçut d'un malandrin, hôte de ces parages, parfaitement conscient de ses actes et qui n'ignorait pas à qui il s'adressait, une épithète injurieuse et un féroce coup de pied « en vache » qui le tint longtemps alité. L'agresseur comptait sur l'affluence pour s'esquiver, mais se vit barrer le passage par un agent survenu fort à propos. Malgré ma répugnance à instrumenter sur ce chapitre, je crus devoir, en raison de la gravité de la blessure et des conséquences possibles, dresser procès-verbal d'outrages. L'affaire eut des suites correctionnelles. A l'audience, le prévenu, de mauvaise foi évidente, allégua, pour sa défense, qu'il avait cru avoir affaire non pas à un agent de l'autorité, que rien d'ailleurs ne distinguait, mais à un agresseur quelconque, mal intentionné, qui en voulait à son portefeuille. Il en avait jugé sur sa mine. Le malheur voulut que l'inspecteur se présenta à la barre avec des traces de sa maladie récente, le visage pâle et amaigri, crispé par l'effort qu'il faisait pour se tenir debout. L'avocat de la défense saisit la balle au bond et, reprenant la thèse de son client, plaida, servi par les apparences, la méprise possible. Cet avocat exagérait. L'inspecteur n'avait pas mérité cette humiliation. Il dut l'empocher par force, néanmoins, comme il avait empoché le coup de pied. Ce n'était pas assez de sa blessure physique, il devait rapporter du tribunal une blessure morale, sans que l'administration lui témoignât le moindre intérêt, ni parût lui savoir gré de s'être si bénévolement exposé en service commandé. C'est à l'éloge de ce brave fonctionnaire, que son zèle n'en fut pas refroidi.

Mais la joie du commissariat, c'était le garçon de bureau, un jeune, un débutant, lui aussi. Tempérament de débrouillard, de déluré. Un type impayable, qui n'avait pas son pareil pour dénouer les disputes, concilier les parties, calmer les poivrots récalcitrants, recoudre les ménages et réparer les gaffes du père G... Avec cela, une poigne de fer, sachant imposer respect, à l'occasion, aux pires énergumènes et transformant en parties de plaisir les corvées les plus périlleuses ou les plus répugnantes. Il séparait les adversaires qu'il soulevait à bras tendu, réduisait d'un tour de main à l'impuissance les fous furieux, désarmait les malfaiteurs, toujours le sourire aux lèvres. Même pour le décrochage d'un pendu déjà vert ou la manipulation d'un « maccabée » en décomposition, il avait toujours le « petit mort pour rire ».

C'est lui qui, debout, sur le seuil du commissariat encombré, un jour de manifestation populaire, criait aux agents survenant en foule avec un excédent de détenus : « N'en jetez plus!... On refuse du monde! » Aux heures tranquilles, sa malice espiègle offrait aux amis de passage des cigarettes explosives, mettait, sous le nez des commères de la cour, des bouquets de violettes d'où un ressort secret faisait jaillir une fusée d'eau. Je l'ai vu, au café, glisser sur la spatule d'un consommateur, faisant son absinthe, un morceau de sucre infondable. Il s'amusait, parfois, à effrayer les gens d'un rat blanc qu'il tirait de sa poche, d'une fausse araignée pendue au bout d'un fil. Au demeurant, le meilleur garçon du monde, sobre, exact, serviable, désintéressé, nullement coureur, bien que sa joliesse en fît la coqueluche du voisinage, et doué d'un esprit d'à-propos qui lui tenait lieu de savoir. C'était le boute-en-train dont la verve intarissable allégeait nos fatigues, nous soutenait et nous ranimait aux heures de tristesse et de découragement.

Il s'employait à dresser les chiens que le patron recueillait dans la rue et dont le bureau était toujours plein. On leur avait abandonné une pièce vide qui ne servait à rien. Il leur apprenait à sauter par-dessus la balustrade des inspecteurs, à tenir en respect les ivrognes et les agités. Il les asseyait près d'eux, en sentinelles, coiffés d'un képi de gardien, une pèlerine sur les épaules. Il organisait, avec ces chiens, aux heures de loisir, des *steeple-chase*, dans la cour pour l'amusement des locataires. N'était-il pas allé, certaine après-midi de dimanche, jusqu'à organiser un *steeple-chase* de tortues ? C'étaient six malheureuses bêtes affamées, tombées d'un chargement, attendant leur envoi en fourrière, et qu'il fit courir, avant de les rassasier, un chiffre collé au dos, d'un bout de la cour à l'autre, en les appâtant d'une feuille de laitue, tandis que dans l'assistance s'engageaient de bruyants et joyeux paris.

L'immeuble fourmillait de rats. Chaque fois que l'un d'eux se laissait prendre au piège, le garçon de bureau nous régalait d'une séance de ratodrome. J'ai éprouvé là combien le courage est une vertu commune. J'ai vu de ces rongeurs tenir vaillamment tête à toute la meute déchaînée et la faire reculer.

Des chats errants complétaient notre ménagerie, que le malheur avait rendus sociables et auxquels les chats des voisins venaient rendre visite. Sur ce peuple félin régnait, en sultan, le superbe angora du charcutier Félix, qui se plaisait mieux là que dans la charcuterie, ce qui désolait les demoiselles Félix, toujours en quête de leur minet qu'elles adoraient. Les demoiselles Félix étaient charmantes, l'une surtout, Blanche, la cadette, dans tout l'éclat de ses seize ans, faisait plaisir à voir. Aussi timide que jolie, c'était la plus affolée des absences de son matou. Ça lui coûtait d'affronter la cohorte barbue du commissariat. Elle ne s'y risquait qu'en rougissant jusqu'au blanc des yeux et c'est toujours d'une voix étranglée d'émotion, qu'elle jetait à travers la porte entr'ouverte : « Vous n'auriez pas vu mon chat ? » Ces apparitions furtives comblaient d'aise le garçon de bureau. Il s'y approvisionnait de joie pour le restant de la journée. Aussi les provoquait-il, en attirant l'animal qu'il gavait de friandises et qu'il séquestrait, par malice, au besoin.

Ce « n'avez-vous pas vu mon chat ? » des demoiselles Félix était le thème sur lequel sa verve gamine brodait les plus désopilantes variations. Il y revenait si souvent que l'expression s'en était transmise du commissariat aux postes du quartier, et que dans toutes les brigades, on ne s'abordait plus qu'avec cette phrase aux lèvres, devenue le refrain, la scie du jour.

VII

LES FLONFLONS DANS LE PRÉTOIRE

Le commissariat de la Chapelle ne dégageait pas seulement des relents littéraires, il était musical. Dans l'immeuble même, subsistait un estaminet d'ancien style, blanc, à banquettes de velours rouge, où l'on taquinait encore le jeu d'échecs et de dominos, mais que sa clientèle bourgeoise de petits rentiers, de plus en plus raréfiée, allait désertant de jour en jour ; effet de la concurrence ou de la transformation des mœurs. Le tenancier, qu'effrayait le spectre de la faillite, avait accepté, comme une aubaine, l'offre d'un entrepreneur de tournées théâtrales d'en faire le lieu de ses répétitions. On avait installé un piano dans l'arrière-salle. Et chaque après-midi, de deux à cinq heures, une troupe lyrique y étudiait ses partitions, les fenêtres ouvertes sur la cour. L'écho des voix nous parvenait nettement ; souvent, les chœurs donnant, c'était un vacarme de tous les diables. Je pus m'instruire ainsi des opérettes en vogue. Spectacle imprévu que celui des interrogatoires se poursuivant dans un flot d'harmonie. Il n'était pas rare de voir les agents dodeliner de la tête et scander la mesure. Les pieds brûlaient d'esquisser un pas de danse. La chose m'arrivait à moi-même. Tout en notant la déposition d'un témoin, je me fredonnais l'air en cours et j'avais à faire effort pour ne pas murmurer tout haut les paroles des refrains, tant elles s'inscrivaient d'elles-mêmes sur mes lèvres. Parfois, dans le silence impressionnant qui suivait l'aveu d'un criminel ou à l'instant, étranglé de sanglots, d'une confrontation pathétique, on entendait comme une ironie, fuser la voix de Serpolette ou exploser la fureur orgiaque d'un chœur bachique. Et cela donnait lieu à des coïncidences amusantes. Il arrivait qu'une entôleuse, pressée de questions, sur le point d'avouer son méfait, se ravisait soudain, comme renforcée dans son mutisme, par le conseil que lui jetait, de l'autre côté de la cour, la voix de Sylvain :

Ne parle pas, Rose, je t'en supplie !

Une insoumise, se prétendant arrêtée à tort et protestant de sa vertu, fléchissait tout à coup, comme démasquée par les invectives de Clairette :

T'es une pas grand chose (*bis*)
T'es une rien du tout...

Un déserteur cherchait à excuser son coup de tête en dévidant les tracasseries du métier, tandis que l'écho jetait à ses oreilles :

Ah! quel plaisir d'être soldat !

Un batailleur, l'œil poché dans une rixe, se lamentait sur sa plastique endommagée, tandis que, par gouaille, sonnait le refrain de Miss Helyett :

> Vous êtes bien ainsi,
> Restez comme ceci !

Ou si je chapitrais d'importance un propre à rien, un godailleur fainéant, lui remontrant l'indignité de sa conduite, je le voyais rigoler sous cape, du désaveu que m'infligeait le répertoire.

> Vive le vin, l'amour et le tabac !

Ainsi les flonflons du théâtre débordaient de leur cadre et venaient bafouer le tragique de la vie. La folie agitait ses grelots jusque dans le prétoire. L'opérette faisait un pied de nez à la magistrature. Elle me criait : « Hé là-bas, le monsieur à férule, qui tranches du moraliste et de l'important, te figures-tu que c'est arrivé ? Te figures-tu que tes sermons vont redresser le monde et lui refaire une virginité ? Au lieu de t'acharner contre ces malchanceux, misérables jouets du Destin, accorde-leur une secrète compassion et prends conscience en eux de l'humaine infirmité. Te crois-tu pétri d'une autre argile ? Ton âme pèse-t-elle davantage aux yeux du créateur ? Vous me faites rire, tous tant que vous êtes, hommes vivants, pauvres futurs squelettes, qui passez à vous mordre, les uns en loups, les autres en chiens de bergers, le peu de temps que vous avez à vivre ici-bas, l'espace d'un éclair, au lieu de vous tendre une main fraternelle. « La vie est-elle une chose grave et sérieuse à ce point ? » vous dit Verlaine. Le monde est une comédie. N'allez pas prendre votre rôle au sérieux. Chansons! Chansons! Tout ici-bas, n'est que chansons! »

Et pourtant je continuais à prendre mon rôle au sérieux.

VIII

UN GARDIEN DE LA PAIX ASSASSIN

Mon premier souci avait été de mettre en ordre les archives du commissariat et de les compulser pour me mettre, comme on dit vulgairement « à la page ». Chaque commissariat a, effectivement, ses usages, ses traditions, sa spécialité. Il a aussi son histoire. Il a ses trophées, ses initiatives heureuses, ses victoires remportées sur l'armée du crime, ses coups d'éclat. Tout cela consigné dans la poussière des paperasses que je m'assimilais en vue de m'adapter à mon nouveau milieu. Parmi les affaires antérieurement traitées, il en était une à qui revenait, si j'ose ainsi parler, la place d'honneur. C'était celle du gardien de la paix assassin Prévost. Elle remontait à une dizaine d'années, mais elle avait fait tant de bruit que l'écho s'en perpétuait encore. Au moment où elle se produisit, M. Hamon était officier de paix et M. Lefebure commissaire de police. Ce dernier était un magistrat instruit et avisé. C'est lui-même qui avait pris soin de la transcrire sur le *Répertoire* et l'on sentait qu'il l'avait prise à cœur. Des notes surajoutées depuis, soit par lui-même, soit par son successeur, soit par les divers secrétaires qui s'étaient succédé au commissariat, montraient qu'elle y était restée un sujet de préoccupation. Méténier en avait souligné maints détails qu'il se proposait d'utiliser dans un roman. A mon tour je complétai les informations déjà recueillies, par l'audition de témoins nouveaux que le hasard me fit connaître, bien que cela ne pût servir à autre chose qu'à m'éclairer sur la psychologie des criminels. Je puis dire que j'arrivai ainsi à faire revivre l'affaire sous mes yeux. Ce n'est pas que je tire plaisir de ces sortes d'évocations. Je m'y sens mal à l'aise comme au milieu d'un cauchemar ou mieux encore comme au milieu d'un air méphitique chargé de poisons contagieux, mais si je me passionnais pour cette affaire, c'est qu'elle achevait de m'édifier sur la mentalité fruste des assassins.

Plus un forfait est exécrable, plus il révolte l'opinion, plus il est permis d'y soupçonner une part d'irresponsabilité. L'assassinat est un acte de démence. Si les criminels possédaient la moindre lueur de raison, ils se rendraient vite compte de leur mauvais calcul. Tuer par vengeance, ce n'est pas tirer rançon de son ennemi, c'est lui donner quittance. Tuer pour voler, c'est accumuler les risques autour d'un maigre profit. Il est prouvé par l'expérience que le gain en fut toujours illusoire. Et dans l'état actuel de nos mœurs, recourir à la violence pour détrousser ses concitoyens, quand il est tan de moyens ingénieux de les soulager de leur porte-monnaie, en marge des lois, m'a toujours paru le comble de la stupidité.

Mais nous discuterons tout à l'heure. Laissez-moi d'abord vous exposer les faits.

Le mercredi 10 septembre 1879, vers huit heures du soir, une dame Thiéry, logée à proximité, passant rue de la Chapelle, au coin de la rue du *Pré-Maudit*, déserte à cette heure et plongée dans l'obscurité, y voit un grand diable d'homme en casquette de soie et en blouse de conducteur de bestiaux, penché vers le ruisseau. Intriguée par ses allures, elle le suit de loin dans ses évolutions et ne le perd pas de vue jusqu'au moment où il disparaît dans les solitudes enténébrées du boulevard Ney. Elle revient alors sur ses pas, examine l'endroit où l'homme s'est penché, y trouve, engagé dans une bouche d'égout, un paquet qu'elle retire et qui contient de la viande fraîchement coupée. Elle s'inquiète d'un agent. Précisément survient le gardien Hardy à qui elle remet sa trouvaille. Tous deux la portent au commissariat mais prennent en cours de route l'avis d'un boucher et d'un pharmacien qui sont d'accord pour reconnaître, dans cette chair dépouillée de sa peau, le fragment d'un bras humain. On prévient le commissaire de police du quartier. Il fait procéder dans les égouts à des recherches qui amènent la découverte de soixante-dix-sept débris nouveaux. Trois sont repris aux mains d'un chiffonnier qui les colportait pour les vendre, comme de la viande comestible.

Même diligence du côté de la Sûreté. Les inspecteurs ont bientôt retrouvé dans le fossé des fortifications près de la poterne des Poissonniers, une main, des doigts de pied et des fragments anatomiques qui attestent le sexe masculin de la victime.

Le cadavre est reconstitué dans son entier. Il ne manque plus que la tête et un morceau qu'on ne retrouvera jamais par la bonne raison qu'un purotain de la zone l'ayant ramassé soigneusement empaqueté, comme un morceau de veau tombé du filet d'une ménagère, l'a fait cuire dans sa baraque et s'en est régalé en famille.

Le commissaire de police a passé la majeure partie de la nuit en vaines recherches pour identifier le cadavre, ce qui ne l'empêche pas d'être présent à son bureau à neuf heures sonnant, heure d'ouverture, pour y recevoir la déclaration de Mme Thiéry à laquelle il a donné rendez-vous. Cette dernière, invitée à préciser le signalement de l'homme à la blouse, dit qu'elle ne le connaît pas, mais qu'en l'examinant à la lueur d'un bec de gaz, elle a été frappée de sa ressemblance avec un gardien de la paix désigné couramment sous le sobriquet du « Bel Homme ». C'est le sobriquet qu'a valu à Prévost, de la part des commères du voisinage, sa plastique avantageuse, et cette circonstance qui a servi à le démasquer démontre une fois de plus les inconvénients de se distinguer du commun.

Il était bien imprévu de voir un gardien dans cette affaire, mais si sceptique que se montrât d'abord le commissaire, il ne pouvait se dispenser d'envoyer chercher Prévost qui se trouvait de service aux chantiers de la gare du Nord. Prévost se présente en uniforme sans rien perdre de son assurance. Mis en présence du témoin qui incline de plus en plus à le reconnaître, il déclare qu'il est victime d'une méprise et que l'on n'a qu'à se renseigner pour établir que, de repos la veille, il n'a pas bougé de chez lui. En attendant les vérifications nécessaires, le commissaire demeurait perplexe, lorsque Prévost commit la maladresse légendaire des criminels qui, après des miracles d'ingéniosité, se font bêtement pincer, la main dans le sac, par un enfantillage. Au moment où la confrontation close, on ne lui demandait plus rien, il s'avise d'énoncer cette énormité : « Comment pourrait-on m'avoir vu impasse du *Pré-Maudit*, je ne sais même pas où ça se trouve ? » Or, l'impasse du *Pré-Maudit* faisait partie de son « îlot ». Il y avait opéré une arrestation la veille. Son rapport, où le nom de l'impasse du Pré-Maudit était inscrit en toutes lettres, s'étalait encore sur le bureau du commissaire. Sa réflexion stupide équivalait à un aveu. M. Lefébure était fixé. Il tenait le coupable ou tout au moins l'un de ses complices. Il n'avait plus qu'à tirer le fil qu'il avait dans la main pour débrouiller tout l'écheveau. La clarté fut vite faite et le crime reconstitué dans ses moindres détails.

Prévost, pris à son propre piège, confessa son crime. Sa victime était un courtier en bijouterie, un nommé Lenoble, connu dans les postes où il offrait aux agents des montres qu'il leur vendait à tempérament. La veille, Prévost lui avait donné rendez-vous chez lui, en lui recommandant de se munir d'une boîte d'échantillons bien fournie. Lenoble se présente dans la matinée. Prévost était absent. Il se met à sa recherche et ce n'est que sur le coup de midi qu'il le voit déboucher d'une rue adjacente.

Il lui offre l'apéritif que l'on déguste en badinant, puis tous deux s'engagent dans l'allée du n° 75 de la rue Riquet où Prévost demeurait. Dans la chambre, Prévost examine les bijoux. Il choisit une chaîne et un médaillon d'une valeur de 240 francs qu'il s'engage à payer par mensualités, mais profitant du moment où le bijoutier, assis à la table, prépare le libellé de l'engagement, Prévost l'assomme avec une boucle de tender qu'il s'est procurée aux ateliers du chemin de fer du Nord. Il dissimule la boîte aux bijoux sous les couvertures du lit, déshabille le cadavre et se met en devoir de le dépecer. En quelques heures tout est terminé, le sang épongé, la chambre remise en ordre, les débris empaquetés, sauf la tête qui retrouvée aurait servi trop vite à faire identifier le cadavre, et que Prévost cache dans sa marmite. A 6 heures du soir, il redescend, en blouse, avec son panier. Un collègue rencontré s'inquiète de ce qu'il porte et Prévost sans se douter du quiproquo répond négligemment : « Je déménage un ami ». Il va dîner chez son traiteur habituel, mais refuse la viande qu'on lui offre avec un geste de dégoût. Visiblement le plat l'écœure. Il n'a pas faim, il demande du raisin. On ne peut lui en fournir. Il sort en acheter chez le fruitier d'en face, mais le raisin non plus ne passe pas. Il lui trouve un « drôle de goût » et comme il s'en plaint, le gargotier en mâche quelques grains pour voir. Le raisin lui paraît excellent. « C'est vous qui sentez drôle », dit-il en plaisantant et Prévost pâlit. L'enfant de la maison, un bambin de six ans, vient jouer autour du panier, déposé sur la banquette. Il veut soulever le couvercle. Prévost, pris d'une fureur subite, lui applique un soufflet si violent que les parents s'exclament. Le geste surprend de la part d'un homme si doux d'ordinaire et tandis que les récriminations pleuvent, Prévost, après avoir vérifié le contenu de son panier, se lève sans répondre et s'éloigne dans la nuit.

Le lendemain matin, descendant de chez lui pour prendre son service de six heures, revêtu de son uniforme, il fend la presse, au bas de l'escalier, des locataires rassemblés qui commentent le crime annoncé par les journaux, et déclare froidement : « Je m'instruirai au poste auprès de mes collègues et je vous donnerai des nouvelles en rentrant à midi ». Il rentra plus tôt qu'il ne pensait, mais sous escorte, accompagné du commissaire de police qui venait procéder aux constatations d'usage.

Sa culpabilité établie, Prévost fut expédié au dépôt, puis à Mazas. Au cours de sa détention, on se souvînt qu'une de ses maîtresses avait disparu, une nommée Adèle Blondin. Or, détail piquant, c'était Prévost lui-même qui, le 27 février 1876 (dimanche gras) était venu signaler sa disparition au commissariat. De là, à supposer qu'il en avait usé avec elle comme de Lenoble, il n'y avait qu'un pas facile à franchir. Prévost, après bien des hésitations, finit par avouer ce second crime. Il avait assassiné sa maîtresse pour lui voler une chaîne d'or qu'elle portait au cou. Il en avait dépecé le corps dont il avait jeté les débris, suivant sa méthode, dans l'égout, ne gardant que la tête qu'on retrouva sur ses indications, enterrée sur le talus des fortifications, boulevard Ney, près du bureau d'octroi. Prévost habitait alors rue de l'Évangile et sa fenêtre ouvrait sur le poste. C'est, pour ainsi dire, sous les yeux de ses collègues, qu'il avait accompli son forfait.

Prévost fut condamné à la peine de mort qu'il subit le 19 janvier 1880. (C'étaient les débuts de Deibler). Il faisait un froid intense — 5⁰.

Les médecins légistes l'avaient déclaré responsable. M. le Dr Broca, après autopsie du cadavre, disait : « Prévost appartient à la catégorie des criminels intelligents ». Nous allons voir en examinant la vie de Prévost ce qu'il faut penser des affirmations de M. le Dr Broca.

Victor Prévost était né à Mormant (Seine-et-Oise), le 11 décembre 1836. Il était bien constitué d'apparence, mais affligé d'une voracité insatiable. Il avait toujours faim. Ses parents s'en débarrassent de bonne heure et le placent dès l'âge de quatorze ans comme apprenti chez un treillageur de la rue Saint-Jacques. Son patron, homme brutal, le maltraite, et, pour le punir de sa voracité qu'il prend pour une manifestation de gourmandise, rogne chaque jour sur sa portion de nourriture. Prévost, qui ne peut supporter ce régime, trouve moyen de se libérer et passe au service d'un patron boucher, métier qu'il exercera jusqu'en 1855, époque à laquelle la conscription le réclame. A cause de sa grande taille, il est incorporé au 4e, puis au 2e régiment de cuirassiers de la Garde avec lequel il fait la campagne d'Italie. A l'expiration de son congé, il contracte un nouvel engagement volontaire de sept ans. Quatre ans plus tard, il passe à l'escadron des Cent-Gardes, institution d'élite dont il fait le plus bel ornement. Il n'en sort que pour entrer dans le corps des sergents de ville (licencié en 1870 et bientôt rétabli sous le nom de gardiens de la paix), aux appointements annuels de douze cents francs.

Prévost jusqu'alors avait fait figure d'excellent sujet. Bien noté de ses chefs, il avait rapporté du régiment un certificat de bonne conduite et la médaille d'Italie.

Au physique, c'était un gars splendide, d'une force extraordinaire, mesurant 1^m,84 de taille, au visage sympathique, orné d'une fine moustache en pointe. Il se faisait remarquer par une distinction naturelle de gestes et de maintien. Dans sa déposition en Cour d'assises, le commissaire de police Lefébure dit que Prévost était considéré comme un bon camarade, mais que ses collègues lui faisaient grief de les humilier par sa belle prestance.

Au moral, il était considéré comme un serviteur modèle, sobre, exact, enclin à rendre service. « Je voudrais, dit Mme de Staël, que l'on demandât aux criminels s'ils ont aimé les enfants, et je suis sûr qu'ils répondraient : non ! ». Sa perspicacité est ici en défaut. Prévost aimait les enfants, les choyait, les caressait. Il lui advint, en dehors de ses heures de service, de s'offrir pour reconduire à leurs parents des enfants égarés auxquels il payait en route de menues friandises. Tout jeune, errant en courses dans Paris, il aidait les commis à décharger leur fardeau. M. Macé, l'ancien chef de la Sûreté qui l'a connu, nous dit qu'un jour, voyant, au jardin du Luxembourg, un grand garçon enlever l'accordéon des mains d'un frêle enfant, il s'empara à son tour de l'instrument et le remit au légitime propriétaire. Maintes fois, dit-il encore, on surprit Prévost poussant rue de la Montagne-Sainte-Geneviève des voitures à bras tirées par de chétifs apprentis hors d'haleine.

Prévost s'est signalé au régiment par sa bonne tenue, à la guerre par ses exploits. Il se signale comme gardien de la paix par des actes de dévoûment. Il arrête un cheval emporté. Il se jette à l'eau pour retirer du canal un batelier qui se noie.

Comment supposer que ce garçon dévoué et serviable, respectueux comme pas un de la discipline, allait devenir un professionnel de l'assassinat et que peut-être il l'était déjà puisqu'une de ses maîtresses avait disparu ? Cela remontait à 1867. Il s'agissait d'une brune assez piquante, assez excentrique, ayant dépassé la trentaine, une Espagnole assez riche pour se payer ses fantaisies et peu soucieuse du *qu'en dira-t-on*. Spirituelle et lettrée, elle se mêlait d'écrire sous un pseudonyme, ses impressions de voyageuse cosmopolite et s'était instituée correspondante d'un journal américain qu'elle subventionnait. Sa persistance et son adresse à se faufiler dans les ambassades et les réceptions officielles, l'avaient désignée à l'attention de la police politique qui la soupçonnait d'espionnage. Elle fit l'objet d'une surveillance occulte. C'est ainsi que sa disparition subite fut remarquée sans qu'on s'en émût outre mesure. On lui supposait d'excellentes raisons de changer d'air, depuis surtout qu'un agent de la brigade des Tuileries s'était inquiété auprès d'elle de la façon dont elle avait pu s'introduire dans un bal de la Cour sans y être invitée. Elle avoua qu'elle s'y était donnée faussement pour la femme du diplomate qui l'accompagnait, mais elle s'en excusa en invoquant les nécessités de son métier de *reporter* bénévole et le souci de renseigner ses lecteurs étrangers, ce qui, à tout prendre, n'était pas sans vraisemblance, mais on sait la police encline à la méfiance.

Quoi qu'il en soit, les rapports de surveillance signalaient des rendez-vous fréquents de cette aventurière avec un Cent-Garde qu'elle avait rencontré dans le parc de Saint-Cloud. La veille de sa disparition, ils avaient dîné ensemble au café Anglais. On ne s'inquiéta pas du Cent-Garde. Le pavillon couvrait la marchandise. Inutile de dire que le Cent-Garde était Prévost.

Prévost, en dépit de ses apparences saines, était un malade. Sa faim insatiable était déjà l'indice d'un vice de constitution. Il offrait d'autres anomalies. Dans sa déposition en cour d'assises, M. Lefébure note que lorsque Prévost était seul, il lui arrivait parfois de se livrer à des excentricités. En pleine rue, il pirouettait sur lui-même. Il obéissait à des impulsions soudaines. Il était taciturne comme tous ceux qui sont la proie d'un démon malfaisant. Il était calme d'ordinaire, mais à la moindre contrariété, un flot de sang noir inondait ses tempes et gonflait les veines de son cou. Ses collègues n'osaient ni le railler ni le contredire, tant son visage prenait alors une expression qui faisait peur. Ses yeux s'allumaient d'une flamme sournoise. On contait que pour se venger des mauvais traitements de son premier patron, le treillageur, il avait profité de ce qu'il posait, un jour, une grille au-dessus d'une courette, pour simuler un faux mouvement, faire basculer l'échelle et jeter l'homme dans le vide.

Deux choses le fascinaient, l'or et le sang. Il ne pouvait passer devant un étal de boucher sans s'y délecter et sans en renifler l'odeur avec une joie sauvage.

La façon dont il se fit garçon boucher établit à ce point de vue son étrange disposition. On l'avait envoyé en course. Il est dans la rue témoin d'un accident. Un jeune garçon vient d'être culbuté par une voiture de laitier. C'est un commis boucher qui portait un clayon chargé de viandes. La viande roule à terre. Prévost la ramasse et sans même soupçonner que le clayon pèse 250 livres, le met sur sa tête et le porte d'un pied allègre chez son destinataire établi boucher rue Mouffetard. A peine est-il entré à l'étal qu'il n'en veut plus sortir. C'est l'heure du coup de feu. Les commis s'emploient à décercler et à détriper les bêtes fraîchement assassinées. Le sang gicle de toutes parts ; les os broyés résonnent. Les pieds glissent au milieu de détritus gluants. L'air est plein d'une odeur de massacre. Prévost se sent envahi d'une ivresse délicieuse. Tout son être s'épanouit. Il a trouvé son élément. Il ne peut s'empêcher de prendre part à la besogne, ce qu'on accepte d'autant plus volontiers, qu'en raison de la presse, on manque de bras. Il saisit un couteau et ce novice se met à décortiquer un cuissot de veau, avec l'adresse d'un vieux routier. « Gardez-moi ! », dit-il à l'étalier, qui du premier coup d'œil a flairé un tempérament et qui est enchanté de l'aubaine, mais il y a un obstacle. Prévost est lié par traité à son patron treillageur. Qu'à cela ne tienne ! Le boucher ne veut pas lâcher l'occasion. Il va trouver le treillageur, le décide à un échange de commis. Le soir même tout était réglé et Prévost ceignait, avec une joie délirante comme s'il se fut agi d'un trophée, la pierre à aiguiser et le tablier professionnel.

On saisit là l'état latent de sa criminalité dont nous avons encore d'autres indices.

Le brigadier Valentin, chargé du service de l'ordinaire de l'escadron des Cent-Gardes, rapporte qu'il avait surpris plusieurs fois Prévost soustrayant à l'office des morceaux de viande crue qu'il dévorait à pleines dents. Prévost aimait à se faire raconter par un de ses camarades de régiment, qui avait pris part à l'expédition du Mexique et à la guerre de contre-guerillas que nous avions été forcés d'organiser là-bas, les exploits d'un brigadier-sapeur de turcos que l'on avait institué exécuteur des hautes œuvres et qui était chargé de pendre séance tenante, les rebelles pris les armes à la main, et Prévost ne cachait pas, pris d'un sentiment de jalousie à l'égard de ce turco, qu'il aurait « aimé prendre sa place ».

Sa conversation était celle d'un esprit fruste. Elle était pour ainsi dire nulle. Quand il sortait de son mutisme, c'était pour dire des banalités ou des niaiseries, mais il s'échauffait et devenait loquace chaque fois que la conversation roulait sur un assassinat. Il lui revenait souvent aux lèvres : « Couper la cabèche c'est du velours ». On avait retenu, dans les postes, cette expression pour l'en railler. Méténier l'a recueillie dans un de ses contes. On n'y attachait pas d'ailleurs d'autre importance. Les yeux de Prévost s'allumaient quand on parlait devant lui de l'assassin Billoir qui avait coupé en morceaux le cadavre de la fille Le Manach ou du dépeçage de la vieille laitière par Barré et Lebiez. Comme on s'exclamait d'horreur autour de lui, il énonçait froidement : « Tailler dans de la chair humaine, ça ne me ferait pas plus d'effet que de débiter du mouton ou du veau », et il ajoutait à l'adresse des assassins qu'il méprisait probablement pour s'être laissé pincer : « C'est des mariolles, ils ne savent pas s'y prendre ». Sans doute s'applaudissait-il en secret, d'avoir mieux réussi à se couvrir de l'impunité, puisqu'à ce moment il avait déjà sur la conscience, l'assassinat de sa maîtresse Adèle Blondin et peut-être deux autres, dont le mystère n'a jamais été éclairci celui de la belle Espagnole et celui d'un agent du XVIIIe arrondissement, son collègue, disparu un beau matin avec sa montre, sans tambour ni trompette.

L'affaire de l'Espagnole constituait un dossier secret qui resta ignoré de l'accusation. Il y avait prescription d'ailleurs. C'est M. Macé qui l'a exhumé postérieurement dans sa série des *Crimes passionnels* (Charpentier, édit.). L'affaire du gardien resta sans solution, faute de preuves suffisantes.

Et Prévost avait aussi la frénésie des bijoux, non pas des bijoux délicats, enrichis de pierres fines, des chefs-d'œuvre de joaillerie, mais des bijoux massifs, des colliers, des chaînes, des gourmettes, des montres, des bagues à chatons énormes, dites chevalières. Les diamants ne lui disaient rien, mais le reflet de l'or brutal l'attirait comme un aimant. Il s'arrêtait longtemps à l'étalage des orfèvres. Cette passion affectait chez lui un caractère si maladif, qu'il s'amusait à demander l'heure aux passants, rien que pour avoir l'occasion de voir une seconde briller l'or d'une montre à ses yeux.

Lorsqu'il était de permanence au poste, il

avait toujours un prétexte pour emprunter et passer en revue les montres de ses collègues, il les examinait, les maniait, les palpait en tous sens, les posait devant lui sur la table et s'y abîmait dans une longue contemplation muette.

On peut m'objecter que cela n'est pas suffisant pour infirmer l'opinion des médecins légistes. La boulimie de Prévost existait chez son père, qui n'a jamais comparu en cour d'assises. Il arrivait à Prévost dans la rue, de pirouetter sur lui-même, mais beaucoup de gens sont atteints de tics nerveux qui ne tirent guère à conséquence. La fascination de l'or est un phénomène trop banal pour être considéré comme une anomalie et si la satisfaction à renifler l'odeur du sang est déjà moins fréquente, elle se rencontre pourtant chez des sadiques inoffensifs.

Toutes mes observations paraissent s'évanouir aux yeux de certains, en regard de ce fait que Prévost a perpétré ses crimes avec un sang-froid extraordinaire. « Comment, disent-ils, aurait-il cédé à un coup de folie quand il les a préparés de longue main avec une ruse et d'infinies précautions? Pour ce qui est de Lenoble, notamment, on le voit se procurer une scie à découper et exiger pour s'assurer de son bon fonctionnement, que le commerçant en fasse l'épreuve devant lui. Il s'ingénie à truquer sa chambre. Il y dispose, pour tapis, une toile imperméable destinée à absorber le sang répandu. Il a pris soin de faire provision d'eau pour ses lavages. Il en a rempli tous ses ustensiles jusqu'à son vase de nuit. Et puis il y a contre lui qu'il a tué par cupidité, passion plus maniable que toute autre à notre discrétion. Il a assassiné Adèle Blondin, peut-être uniquement, pour lui dérober un tour de cou, mais il n'a pas manqué de râfler ses économies. Il a assassiné Lenoble pour lui voler sa boîte d'échantillons et les montres qu'elle contenait. Il y a là une relation de cause à effet qui établit chez Prévost une possibilité de calcul, une faculté de raisonnement. »

Soit ! mais alors Prévost raisonnait comme Gribouille qui descend dans le puits pour éviter d'être mouillé et rien ne suffit mieux à démontrer l'infirmité de son jugement.

On nous dit que Prévost avait des besoins d'argent et qu'il a été amené au crime pour les satisfaire, mais le gardien Doré avec lequel il entretenait commerce d'amitié et qu'il avait pris pour confident, me disait : « Prévost n'avait qu'un mot à dire pour nager dans l'opulence. C'était un enjôleur de femmes. Il en fréquentait de très riches qui se seraient fait une joie de lui sacrifier leur fortune, mais s'il acceptait des dîners et des parties fines, il repoussait l'argent et les cadeaux. Il se serait cru déshonoré en les acceptant. Il fallait voir l'air indigné avec lequel il s'exclamait : « Est-ce qu'elles me prennent pour un *barbeau* ? »

— Mais, fis-je. Prévost devait se trouver fort à l'étroit avec ses maigres appointements?

— Moins encore que nous tous, car il était plus sobre. Il ne crachait pas sur « l'article », mais il n'avait qu'à se baisser pour en prendre, et ça ne lui coûtait rien. Je ne crois pas d'ailleurs, bien qu'on en ait dit, qu'il fut extrêmement porté de ce côté. Il besognait ferme plutôt par complaisance et pour se débarrasser des sollicitations importunes que par véritable besoin. Il y a des requêtes qu'un homme bien élevé ne refuse pas. Il donnait des coups de reins comme on donne un coup de mains pour rendre service aux gens dans l'embarras. Pour le reste, il était soigneux de ses vêtements qu'il faisait durer indéfiniment comme par miracle. D'ailleurs, même en vêtements usagés, il avait toujours l'air d'un « prince ». Il mangeait considérablement et là-dessus il ne fallait pas lui en promettre, mais outre qu'il était invité souvent à dîner par ces dames, il satisfaisait ses fringales à bas prix jusque dans les plus infimes gargotes. Il mangeait n'importe quoi. Tout lui était bon ».

Que Prévost fût un homme à bonnes fortunes, il n'y a pas à en douter. Tous les témoignages concordent à ce sujet. Dès son adolescence, il exerce, à son insu, d'effroyables ravages. C'est sa fatalité, son ver. Lorsqu'il était garçon boucher, il dut maintes fois changer de place parce que ses patronnes s'amourachaient de lui au grand désespoir de leur mari. Lorsqu'il était Cent-Garde et qu'à l'attrait de sa plastique heureuse s'ajoutait le prestige d'un costume flamboyant, il allait comme un jeune dieu traînant tous les cœurs après soi. Les mœurs n'étaient guère sévères à l'époque. Il se voyait accablé de prévenances et de billets doux de la part non seulement des professionnelles de la galanterie, mais des dames du grand monde. Plus d'une s'oublia dans ses bras. Il se laissait faire et dorloter comme un grand enfant et bien loin d'en tirer fatuité ni profit d'argent, il s'étonnait, comme le berger d'Offenbach que ces déesses eussent de si drôles de façons.

L'impératrice, à qui était revenu le bruit de tant de folles escapades, descendit un jour dans le jardin des Tuileries où elle le savait de garde pour l'examiner de près. « C'est une belle statue ! » dit-elle à Mme Carrette qui l'accompagnait. C'est sans doute ce mot de « statue » sans cesse prononcé autour de lui qui faisait dire à Prévost : « Descendu de cheval, je suis statue ». Il voulait dire qu'il savait s'immobiliser pendant des heures, selon les prescriptions de la consigne. Ce jour-là même, le prince impérial qui suivait sa mère, avisant ce colosse élégant, pétrifié sous l'armure, en fut sans doute impressionné à sa manière, puisque, s'en approchant, il vida dans l'entonnoir de ses bottes une boîte de dragées qu'il tenait à la main. Prévost condamné à l'impassibilité n'en sourcilla même pas, à ce point que la souveraine et son auguste entourage ne purent réprimer un franc éclat de rire. Dès ce jour Prévost, destiné à la célébrité sous toutes ses formes, avait sa légende. C'était le « Cent-Garde aux dragées ».

Même sous l'uniforme plus modeste de gardien de la paix, Prévost continuait à exercer son pouvoir inconscient de conquérant. Sa beauté faisait scandale. Son officier de paix M. Hamon, disait : « J'étais bien embarrassé de Prévost. J'étais obligé à chaque instant de le changer d'îlot parce que les boutiquières s'enflammaient à son passage ce qui mettait la discorde dans les ménages. J'avais cru bien faire de l'affecter comme planton au square de la Chapelle. Sa présence suffisait pour mettre la tête des bonnes à l'envers et je reçus des plaintes collectives des parents qui se plaignaient qu'elles abandonnassent pour le suivre, les enfants confiés à leur garde. Alors on l'exila dans les chantiers de la gare du Nord où il n'y avait que des hommes. »

Au moment même où il assassina Lenoble, pour le dépouiller de sa boîte d'échantillons, Prévost était harcelé par une demi-mondaine en vogue, éprise de lui à ce point qu'elle ne reculait pas de venir le voir, dans son taudis, en brillant équipage, couverte de diamants dont le moindre, en prix, surpassait de beaucoup, toute la médiocre orfèvrerie du malheureux courtier. Elle offrait en vain à Prévost de la suivre dans un château qu'elle possédait en province. Il n'y voulut jamais consentir. Le bellâtre recevait chaque matin des déclarations d'amour qu'il déchirait, parfois sans les lire, d'un geste indifférent. Le jour de son arrestation, on en trouva dans son calepin. Plusieurs n'étaient pas décachetées. En voici une que je donne à titre d'échantillon : on m'excusera de n'en citer qu'un fragment :

... J'ai calculé mes chances de bonheur, elles sont douteuses. Tu es jeune, superbe, et je frise la quarantaine. Pourtant, si j'avais la bonne fortune de tomber sur un homme de cœur, il s'attacherait à moi, me devant tout. Afin de prolonger mon rêve, je ne chercherais point à découvrir ses défauts, encore moins ses qualités de peur de les voir s'amoindrir. Je veux d'abord satisfaire ma passion pour toi, car cette passion-là, préférable à toutes les autres, est l'essence de la nature humaine.

La lettre, non signée, était accompagnée de ces vers, écrits de la même main :

RÉVEIL

Au cloître voisin l'heure sonne,
Un bruit vague s'est répandu
Tandis que près de nous personne
Ne troublait ton rêve éperdu.

Entre les rideaux, l'aube passe,
Sous ton cou, je glisse ma main,
Attirant le front que j'embrasse
Chaque soir jusqu'au lendemain.

Auprès de ta tête penchée,
Qu'éclaire ce reflet du jour
Je recueille, à demi-couchée
Tous tes profonds soupirs d'amour.

Ton ensemble, que je détaille,
Voluptueuse à satiété,
Revèle ta superbe taille
Exubérante de santé.

Il n'est point de formes pareilles,
De muscles puissants, vigoureux,
De sang vif ni de chairs vermeilles
Capables de tressaillir mieux.

Sans regret, sans peur, sans détresse
J'ai changé l'avenir brillant
Contre ton regard qui caresse
Quel homme en pourrait dire autant?

Prévost repoussait la plupart de ces avances par un scrupule, somme toute, honorable. Étrange mentalité toutefois que celle qui lui faisait préférer à une libéralité librement consentie, le pauvre gain tiré d'un assassinat. Adèle Blondin raffolait de Prévost. Elle ne demandait pas mieux que de partager avec lui ses économies. Elle se fut fait gloire de lui abandonner sa chaîne d'or, s'il en avait manifesté le désir, mais lui pensait sans doute comme le flibustier du poète normand Levavasseur :

Ce qu'on reçoit n'a pas le goût de ce qu'on prend,

Le seul aspect d'un bijou lui donnait des

palpitations, mais il voulait le ramasser dans le sang. Notez que dès qu'il en était le maître, il n'y tenait plus. Il s'en débarrassait à vil prix, au petit bonheur, chez les fripiers du voisinage. Jamais il n'en portait et, comme on lui en faisait la remarque, il répondit peu galamment : « Les bijoux, c'est comme les femmes, la possession suffit pour vous en dégoûter. »

Si Prévost eût été capable de la moindre réflexion, il aurait puisé là une maxime de sagesse. Il se serait abstenu d'acheter si cher un repentir. Comme tous les criminels-nés, cet homme offre un surprenant mélange d'enfantillage et de rouerie. L'habileté avec laquelle il perpètre ses crimes lui est soufflée par un mauvais instinct. L'instinct sait toujours ce qu'il veut et fait bien ce qu'il fait, soit qu'il pousse la plante à se frayer un chemin dans le sol, le castor à bâtir sa hutte, le poète à écrire un chef-d'œuvre ou le criminel à exécuter son forfait, mais son but rempli, tout rentre à la mesure commune. Quand Prévost agit sous l'impulsion de l'instinct, il agit en maître. Dès qu'il redevient lui-même, il témoigne d'une maladresse à faire pitié. On l'a vu trébucher dans sa réflexion stupide : « Je ne sais pas même où se trouve l'impasse du *Pré-Maudit* ».

Libéré de son démon, il stupéfie par sa candeur. Il suffit pour lui faire avouer l'assassinat d'Adèle Blondin, en l'absence de toute preuve matérielle, de faire appel à sa loyauté :

— Un gardien de la paix ne doit pas mentir. Ce serait déshonorer l'uniforme.

Rendu à lui-même, il est pris de scrupules. Il n'a rien d'un Lebiez ni d'un Barré qui proclament froidement le droit à l'assassinat. Dans sa cellule, il a des remords, des hallucinations terribles. Il voudrait se tuer. Il songe à se casser la tête contre les murs. Il s'étonne de sa lâcheté et qu'une force mystérieuse le paralyse. Après sa condamnation, il n'a plus qu'une idée : « Se racheter par une mort courageuse ». Il écrit à son frère : « J'ai tant pleuré que je ne trouve plus de larmes. Je regrette d'avoir déshonoré ma famille. Je veux me réhabiliter par ma mort »; mais en regard, que de nouveaux signes d'inconscience ! Il s'applaudit d'être resté humain jusque dans l'accomplissement de ses crimes. Il fait remarquer qu'il a pris soin d'assommer ses victimes du premier coup, sans les faire souffrir. Après cela, qu'il les ait dépecées, c'est un détail insignifiant, puisque la sensibilité n'existait plus. Son recours en grâce rejeté, entre les mains du bourreau, il s'inquiète encore de savoir à combien se montera le taux de sa pension de retraite ! On le croit sombré dans la démence, mais non, il se redresse, plein d'énergie, refuse le verre de rhum qu'on lui apporte pour le soutenir, et dit : « Pourquoi me ligoter ? Vous n'avez rien à craindre. Je saurai marcher d'un pas ferme à l'échafaud ». Près d'y monter, tourné vers les hauts dignitaires de la

Préfecture de Police, témoins de l'exécution, il leur crie, dans un élan de contrition ces paroles que l'on n'attendait guère et qui prouvent combien l'esprit de corps était profondément enraciné chez ce vétéran des armées impériales :

— Je demande pardon à l'administration !

Voilà l'homme que M. le Dr Broca, après expertise, a déclaré responsable. Ce n'est point sa qualité de gardien de la paix qui m'impressionne. Je me suis occupé de lui uniquement parce que son dossier m'est tombé sous les mains. Ce que j'en ai dit, je le dirais de Menesclou, que les médecins légistes ont aussi déclaré responsable, alors que l'autopsie a démontré le contraire et bien qu'au moment même où il passait en cour d'assises, sa mère, fille de suicidé et sœur d'aliénée, fût en traitement à l'asile Sainte-Anne. Et Menesclou était idiot et sourd depuis l'enfance ! Quand j'entends M. le Dr Broca affirmer la responsabilité de Prévost, je ne puis supposer qu'une chose, c'est qu'il déguise sciemment la vérité, pour ne pas contrevenir aux préjugés et qu'il estime la croyance au libre arbitre un mensonge nécessaire. Je le suppose d'autant plus que son rapport d'autopsie constate que le cerveau de Prévost était anormal et qu'il a suffi de ce rapport à M. le Dr de Lignières pour établir que le cerveau de Prévost offrait certaines analogies avec celui de Menesclou.

En somme, toute ma dissertation revient à dire : « L'homme s'agite et Dieu le mène » quand ce n'est pas le diable, mais si ce proverbe trouve ici sa consécration nouvelle, il en est un autre dont l'aventure de Prévost démontre une fois de plus la fausseté. C'est celui qui prétend que « l'on a toujours l'âme de son visage ».

IX

LES BOULEVARDS EXTÉRIEURS

Le boulevard de la Chapelle, jadis boulevard
des Vertus, est une portion des boulevards extérieurs qui contournent la partie nord de Paris,
de la barrière de l'Étoile à la place de la Nation,
et qui, dans leur course, reflètent les nuances
diverses des quartiers qu'ils traversent, depuis
les quartiers riches des Ternes et de Monceau,
jusqu'aux quartiers indigents de Charonne et
de Bel-Air. A cet endroit, ce n'est pas encore le
mouvement de Montmartre, ce n'est plus le
désert sinistre de Charonne. Le grouillement du
faubourg Saint-Denis le rattache par un coin
à la vie du Paris central et lui fait une mare de
bruit, vite étouffée, reprise par le courant qui
s'engouffre vers Saint-Denis. Au moment où
j'étais secrétaire du commissariat, la construction aérienne du métro n'encombrait pas ces
parages. Le petit square aux verdures grêles et
aux pelouses étiques, existait seul, encombré,
aux jours de soleil, de commères et de marmaille
et le large terre-plein du boulevard s'étalait,
libre, planté d'une quadruple rangée de pla-
tanes souffreteux.

Je demeurais alors faubourg du Temple et ces boulevards étaient le chemin qui reliait mon bureau à mon domicile. Force était donc de m'y dépenser en incessantes allées et venues. J'en connaissais tous les aspects. J'y épiais tous les reflets de l'heure. J'en recevais toutes les confidences. J'y voyais s'y jouer les saisons. Je m'intéressais à la vie des arbres, exilés des champs natals, prisonniers de leurs armures de fer, essuyant le gel des hivers, les giboulées du printemps, les flammes de l'été et la boue de l'automne. Leur verdure était le sourire de ce paysage attristé et pavoisait, en avril, la perspective des maisons indigentes où la misère s'affichait aux fenêtres en loques sordides. Je m'arrêtais parfois pour écouter le gargouillement d'un ruisseau ou d'une fontaine, qui me parlait de sources fleuries, cachées dans les bois. Je ne quittais jamais le commissariat sans me réciter ces vers de François Coppée :

Prisonnier d'un bureau, je connais le plaisir
De goûter chaque soir un moment de loisir.
Je rentre lentement chez moi, je me délasse
Au bruit des écoliers qui sortent de la classe.
Je traverse un jardin où j'écoute en marchant,
Les adieux que les nids font au soleil couchant,
Bruit pareil à celui d'une immense friture,
Heureux comme un enfant qu'on promène en voiture
Je regarde, j'admire et sens avec bonheur,
Que j'ai toujours la foi naïve du flâneur.

J'avais surpris l'intimité de ces boulevards

à toutes les heures du jour, depuis l'aube où ils s'emplissent soudain d'un peuple hâve et frileux de vagabonds, quittant leur gite de la nuit, à la dérobée, pour aller se perdre, loin du regard des hommes ennemis, sur les talus des fortifications jusqu'au déclin des nuits où s'éteignent les réverbères, tandis que les rats évadés des égouts mettent, dans les rues vides, alourdies de sommeil, au long des trottoirs, une ombre fuyante et répulsive.

Ces boulevards étaient assez paisibles le jour. Des oisifs y flânaient au soleil et venaient s'y distraire aux attroupements que nouaient, çà et là, des faiseurs de poids, des camelots, des vendeurs d'orviétan, des chanteurs ambulants, des disputes de chiens ou de charretiers. Cela avait encore un air honnête et provincial, mais la nuit faisait se lever un peuple de rôdeurs et de filles. Les marlous en prenaient possession. La solitude se peuplait de figures grimaçantes. Le passant attardé voyait, à son approche, se détacher du pilier noir des arbres, des silhouettes inquiétantes. Des pas feutrés d'espadrilles imitaient la souplesse et le pas de velours des félins. Des prunelles luisaient comme celles des fauves dans la jungle. Une hostilité sourde sortait de l'ombre des porches. C'est une spécialité des capitales que ces solitudes humaines où l'homme sent rôder autour de lui une menace sournoise et redoute, comme un danger, la présence d'un autre être vivant.

Malgré mon assurance, je ne traversais jamais, aux heures indues, sans une certaine appréhension, le rond-point de la Villette avec sa rotonde sinistre. Du canal à l'eau morte, de ses berges, parfois, montait un cri désespéré, un appel au secours qui en dénonçait les drames mystérieux.

A périodes fixes, cette solitude s'emplissait de bruit et de mouvement. Les foires, celle de la Villette, celle de Montmartre, débordaient jusque sur le quartier de la Chapelle. C'était alors l'invasion des roulottes, des caravanes et le montage fiévreux des entre-sorts, des ménageries, des théâtres et des cirques. Les premiers poteaux fixés faisaient s'exclamer d'indignation le peuple des filles exaspérées du trouble apporté, par cette avalanche bruyante, à l'exercice de leur commerce, ami de l'ombre. « Encore leur vache de fête ! » s'exclamaient-elles. Le boulevard retentissait alors du bruit des carabines, du rugissement des fauves, des cuivres des manèges et de leurs sifflements à vapeur.

Cela durait de quinze jours à trois semaines, puis le boulevard retombait au silence, à sa vie normale, à ses pratiques ténébreuses, à ses abominations. C'était mon domaine. J'en avais le contrôle et la surveillance que j'étendais au delà de mes attributions strictes, empiétant sur celles de mes collègues voisins. Un échange perpétuel d'affaires avec le poste de la rue de Tanger me donnait prise sur sa juridiction, mettait à ma

merci toute une portion du XIXe arrondissement. D'autre part, l'indolence de mon patron,
se déchargeant sur moi du soin de régler toutes
les affaires, me donnait carte blanche et licence
d'intervenir en véritable magistrat.

Je me sentais la mission d'épurer le quartier et
je m'y employais avec un zèle dont il m'est
d'autant plus permis de faire étalage que j'y
cherchais moins une satisfaction de conscience
que de curiosité. Je me préoccupais moins d'un
devoir à remplir que de suivre mes propres inclinations, mon besoin d'imprévu, mon goût de
pittoresque et d'aventures. Que de longues heures
ai-je passées là à épier et à surprendre le manège
des rôdeurs, à suivre un inculpé, à arracher à la
nuit ses secrets ! Je m'y employais, le plus souvent, seul, jaloux de mes aises, suivant mon
caprice.

Je n'ai jamais porté d'arme sur moi. Je me
suis toujours méfié d'une méprise, d'une erreur
involontaire, d'un mouvement d'affolement. Je
sais par expérience que c'est une précaution inutile. Une attaque brusquée ne vous laisse pas le
temps de sortir votre arme ni le sang-froid nécessaire pour viser. Un simple gourdin, à défaut
d'une canne plombée, est un moyen de défense
plus sûr et plus expéditif. Cela vous sert aussi
contre les chiens, ces autres ennemis des noctambules.

L'attaque nocturne, dans les formes que lui
prête l'imagination populaire, n'existe pas-

Des gens restent persuadés qu'en rentrant chez
eux, la nuit, ils risquent de se faire casser la
figure, et qu'il y a des assassins postés au coin
des rues pour se jeter à brûle-pourpoint sur le
premier passant venu. C'est une erreur. L'attaque nocturne a aussi ses risques pour l'agresseur. On ne s'expose pas à tuer un homme pour
la gloire, sans savoir s'il a en poche de quoi couvrir les frais de l'entreprise. Certes, je ne con-
seillerais pas à quelqu'un dont tout le monde
saurait qu'il se promène avec une fortune en
poche, de passer, à deux heures du matin, dans
un lieu solitaire, mais cette aubaine est assez
rare, et les noctambules des boulevards extérieurs n'offrent pas, à ce point de vue, aux
risque-tout, une tentation suffisante. Chaque
fois qu'une affaire s'est présentée à mon bureau
dans toute ma carrière, sous les apparences
d'une attaque nocturne, j'ai toujours éprouvé
qu'elle se réduisait, finalement, à une rixe, une
vengeance, un règlement de compte. Qui passe
droit son chemin et ne se commet point aux
imprudences ; qui ne se mêle point de payer à
boire aux rôdeurs et d'ouvrir, en leur compagnie, un porte-monnaie suffisamment garni, est
sûr qu'il ne sera point, dans les rues, l'objet
d'une agression.

J'étais parfois accompagné d'un inspecteur de
la Sûreté, toujours le même, le brave Latrille,
dit le *Marseillais*, plus spécialement attaché à
mon commissariat, homme débrouillard et décidé

que je trouvais toujours disposé à me suivre, même en dehors des heures de service. Tous deux nous explorions les endroits suspects, assurions la police de la rue. Nous dévisagions les rôdeurs. Nous nous mêlions aux attroupements pour y déjouer ou surprendre la manœuvre des filous qui n'en revenaient pas de se voir appréhendés au moment même où leur main quittait la poche d'un paletot voisin. Nous ne laissions de repos ni aux marlous toujours prêts à intervenir dans les conciliabules privés de ces dames avec les clients récalcitrants, sous figure de redresseurs de torts : « De quoi ?... De quoi ?... On insulte les femmes ? » ni aux dévaliseurs de poivrots. Nous intervenions même dans les bagarres et cela n'allait pas toujours sans risques. Il nous arriva plusieurs fois, d'essuyer des bourrades, des crocs-en-jambes et des coups de feu.

Nous repoussions le concours des agents en uniforme, trop dénonciateurs. Dans les expéditions les plus hasardées, nous admettions, quelquefois, des indicateurs, mais c'est une graine dont il ne faut user qu'avec prudence, par peur de les « brûler » surtout. Je convoquais alors deux bons garçons, deux athlètes costauds et solides, que leur célébrité dans le monde des sports n'avait pas grisés au point de les rendre inserviables : Victor Jadin et Edgar Jolly, collaborateurs honnêtes et dévoués, qui eussent bravé, pour moi, tout l'enfer conjuré. Ils agissaient ainsi par reconnaissance des menus services que je leur rendais, en leur permettant de s'installer, aux jours de fête, sur le boulevard pour y faire « la postige ». Les nuits où ils nous prêtaient leur concours, les honnêtes gens pouvaient dormir tranquilles ; la besogne se bâclait rondement, les vérifications dans les garnis, les descentes de bouges, les râfles s'expédiaient en un tour de main et, suivant une expression populaire fort usitée « sans rouspétance ».

X

UN FAUX RAVACHOL

Le commissariat de la Chapelle n'était pas trop chargé d'affaires par lui-même. Le quartier, peu étendu, mal peuplé, se trouait encore de chantiers, de docks, d'entrepôts. La majeure partie en est absorbée par la gare aux marchandises du chemin de fer du Nord et les écuries du *gros camionnage*. De là, une spécialité d'affaires d'accidents et de contraventions de roulage, auxquelles les drames de la misère et de l'alcoolisme mêlaient leur contingent habituel de batteries, d'avortements, de suicides, de vols à la tire, de filouteries d'aliments. Ajoutez à cela le casuel d'entôlages, d'outrages aux mœurs, inhérent à l'exercice de la prostitution et du vagabondage spécial, qui foisonnaient dans ces parages. Mais, si le commissariat était peu achalandé de son cru, il recevait des quartiers voisins un excédent de clientèle, dont il se fût aisément passé. Les débardeurs de la Villette, les garçons bouchers, le peuple remuant des abattoirs, facile aux coups de poing, y prolongeait ses rixes et ses ébats. Des godailles commencées rue de Flandre, au *Cadran Bleu*, venaient y expirer dans un excès de saoûleries. Les coins d'ombre propice, dont ce quartier regorge, attiraient, des environs, les amants de rencontre, soucieux de s'épargner les frais d'une chambre d'hôtel. Les terrains vagues n'y servaient pas seulement d'alcôve, mais de champ clos aux règlements de comptes. Des bandes rivales venaient de tous les points de la rive droite, y vider leurs querelles. Il s'y livrait des combats renouvelés d'Homère, provoqués par l'enlèvement d'une autre belle Hélène. Il ne faut pas oublier que le commissariat de la Chapelle alternait avec celui de la Goutte d'Or, quartier houleux que Zola a choisi pour décor de son *Assommoir*.

Les soirs et les dimanches d'alternat exigeaient donc un solide coup de collier ; les dimanches surtout. Ces jours-là, c'était un enfer. Dès la première heure, le commissariat grouillait d'un encombrement de plaignants et de détenus. Les agents ne cessaient d'amener, par fournées, le résultat de la cueillette de la nuit. Le garçon de bureau, chargé des vérifications de domicile, n'arrivait pas à se dépêtrer d'une avalanche de recommandations criées à pleine voix de tous côtés et ce joyeux loustic partait à sa besogne en courant. Aux retardataires qu'il rencontrait en cours de route, il jetait sans s'arrêter, avec sa jovialité et son entrain de nature : « Dépêchez-vous. Il n'y a plus de places assises et le promenoir est déjà comble ! »

Malgré ce qu'offrait de comique la mine penaude
et confite de toutes ces victimes de trop copieuses libations, de toutes ces épaves des same-
dis parisiens, je ne pouvais m'empêcher, en
les passant en revue, d'un sentiment de commi-
sération. J'y reconnaissais les traits de la Fatalité. Pauvres jouets du destin ! Ces loques
humaines, amenées en troupeaux comme des
forçats à la chaîne, maculées de la boue des
ruisseaux où elles avaient roulé, avaient pourtant une sensibilité, un cerveau, un cœur, une
famille. Quelle déception de s'être embarqué la
veille, lesté de désirs et d'alcool, pour les pays
chimériques du rêve et de se retrouver le lendemain, en face de la réalité navrante, brisé,
moulu, piétiné, menottes aux mains. Tous
n'étaient pas des malfaiteurs. Il ne manquait
pas, parmi eux, d'honnêtes ouvriers, de bons
drilles, égarés par une minute d'étourderie ou
d'entraînement et qui, ayant perdu jusqu'au souvenir de leur odyssée, accusés de rébellion ou
d'outrages aux agents, de blessures volontaires,
voyaient avec désespoir s'ouvrir devant eux le
gouffre des responsabilités.

J'étais novice alors. Je n'avais pas encore réussi
à me cuirasser suffisamment contre les émotions du « tragique quotidien ». Au reste, je ne
suis jamais parvenu à me faire un cœur de
marbre et j'avoue qu'il m'est arrivé parfois
d'être dupe de mes attendrissements, mais quoi ?
peut-on violenter sa nature ? Sauf contre les

criminels conscients, les apaches endurcis, les aigrefins avoués, les chevaliers d'industrie et les maîtres chanteurs de profession, c'est-à-dire tous ceux qui, faisant bon marché de la vie ou de l'honneur de leurs concitoyens, ont résolument déclaré la guerre à la société, je n'ai jamais pu m'armer de rigueur implacable. Vis-à-vis du menu fretin de délinquants occasionnels, un excès d'indulgence m'a toujours paru préférable à un excès de sévérité. En voici un exemple à propos d'une affaire dont j'ai gardé le souvenir. Ce n'est point sa singularité qui l'a gravée dans ma mémoire. Rien de plus banal que cette histoire tirée chaque jour, dans les commissariats, à des centaines d'exemplaires. Je l'ai retenue parce qu'elle se produisit à mes débuts et qu'elle agissait sur une sensibilité mal aguerrie.

Un brave garçon, manœuvre à la Compagnie du Chemin de fer de l'Est, promu récemment de province à Paris, où il s'était installé avec sa femme et ses deux enfants avait, à l'occasion du baptême de son dernier né, reçu quelques amis à dîner. On avait bu d'autant mieux à la santé du nouveau paroissien qu'on était en été et qu'il faisait une chaleur accablante. Après une soirée passée dans l'atmosphère surchauffée d'un logement exigu, notre homme, mal habitué aux excès, la tête lourde, descend avec ses invités et leur fait un pas de conduite jusqu'à la station d'omnibus voisine, histoire de se dégourdir à l'air et d'y rafraîchir son front brûlant. A sa femme qui semble agitée d'un mauvais pressentiment, il glisse dans un baiser : « Ne t'inquiète pas, je suis de retour dans cinq minutes », et telle était bien son intention, mais l'homme propose et le diable dispose.

Dehors, ses amis lui offrent le coup de l'étrier. Il accepte malgré sa répugnance. Il eût été impoli de refuser, comme il eût été impoli de ne pas répondre à une tournée par une autre. On ne sait trop ce qui s'ensuivit. Toujours est-il que notre amphytrion se réveille, au petit jour, dans une chambre d'hôtel inconnue, complètement dévalisé. Il portait sur lui plusieurs centaines de francs, toutes les économies du ménage. Remis un peu d'aplomb par cette secousse, il s'habille, descend au bureau de l'hôtel, avise le tenancier endormi et l'entreprend sur un ton dont le manque de courtoisie s'explique et auquel on comprend non moins que l'interpellé eût vite fait de s'adapter. « Voleur ! » hurle le client. « Propre à rien ! », réplique l'hôtelier qui s'imagine avoir affaire à quelque échantillon de sa clientèle de gouapes, et l'homme d'équipe, que surexcite un reste de boisson, se démène à ce point qu'il fait voler le vitrage de la porte en éclats. Le garçon bondit de son lit au secours du patron. Les locataires descendent affolés. Tumulte, clameurs, irruption d'agents qui vous empoignent le forcené. « Allons, ouste au violon ! » Mais l'homme, préoccupé de récupérer son bien, ne veut rien entendre et comme on le malmène, il répond aux représentants de l'autorité, qui l'interpellent sans aménité, ce que la rage inspire quand elle est, comme dit le poète, maîtresse des sens. Il faut quatre hommes pour le réduire : « De la rébellion maintenant... Ah ! tu n'y couperas pas mon gaillard ! » Et le gaillard n'y coupera pas. Les agents furieux d'avoir été bousculés, rédigent au poste, sous le coup de l'indignation, un rapport en conséquence. C'était au moment où les exploits de la bande à Ravachol terrorisaient Paris et où il suffisait, pour perdre irrémédiablement un inculpé dans l'esprit des juges, et lui enlever toute chance de salut, de lui mettre dans la bouche le cri : « Vive l'anarchie ! » Et les agents étaient tellement obsédés de ce cri qu'ils l'entendaient, de bonne foi, résonner à leurs oreilles, chaque fois qu'ils rencontraient une résistance. Sous leur plume, le malheureux salarié prit le relief d'un véritable bandit. C'est l'idée que j'en pris moi-même en lisant leur rapport, et c'est l'idée qu'en avait prise le garçon de bureau qui m'avait accueilli à mon arrivée par ce mot riche de signification : « Il y a de quoi frire, ce matin ! » Le garçon de bureau se réjouissait pour l'honneur du commissariat d'une affaire sensationnelle appelée à un grand retentissement. Cette expression : « Il y a de quoi frire ! » était celle dont il usait chaque fois qu'il nous tombait sous la coupe un inculpé de marque, un redoutable malfaiteur. Je reniflais, à travers son exclamation, un gibier de choix. J'avais vu l'homme en traversant rapidement la salle des inspecteurs. Ses vêtements arrachés, sa chevelure en désordre, sa figure ensanglantée me l'avaient désigné parmi la foule des détenus ordinaires. J'en avais rapporté l'impression d'une équipée sauvage. Ce n'était que le fruit du passage à tabac.

Tout le commissariat en respirait la fièvre. Déjà les gardiens se frottaient les mains, escomptant une prime importante de capture, un titre à l'avancement, des galons.

J'étais bien près de céder à l'ivresse commune et j'en arrivais à penser qu'il s'agissait peut-être de Ravachol lui-même, dont la tête était mise à prix et qui, se riant des plus fins limiers de la police, s'obstinait à les dépister. J'examinai avec soin le « dépôt » du prévenu, dans l'espoir d'y découvrir les ramifications d'un complot libertaire. Le « dépôt » du détenu, ce sont les objets trouvés sur lui, au moment de sa fouille et que l'on apporte au commissariat, noués dans son mouchoir. C'est en vain que j'y cherchai une cartouche de dynamite et je ne fus pas long à me convaincre qu'il y avait maldonne. Je ne trouvai, dans ses papiers, que des documents favorables. Certificats de bonne conduite du régiment ; un mot affectueux du colonel dont il avait été l'ordonnance et qui lui marquait une estime particulière, des lettres de recommandation, des attestations élogieuses, des félicitations de ses chefs et toute une correspondance de famille édifiante, des lettres de sa mère prouvant son esprit d'ordre, d'économie, ses bons sentiments de fils et l'estime où il était tenu dans son village. J'y trouvai même une photographie d'homme sain et robuste au regard droit et franc, qui me fit bien augurer de ses relations. Je ne savais pas encore que cette photographie était la sienne, mais qui l'eût reconnu dans l'état où il se trouvait ?

Je reçus le témoignage des agents qui, liés par les termes de leur rapport et soucieux de se faire valoir, en vue d'une récompense, insistaient sur la difficulté de l'arrestation. L'homme les avait frappés et injuriés avec une férocité inouïe. C'était, à leur avis, un sacripant, un être de sac et de corde, un vrai gibier de potence. D'ailleurs, il avait donné toute sa mesure en criant : « Vive l'anarchie ! »

L'hôtelier n'était pas loin d'insinuer que l'énergumène n'était entré dans sa chambre que pour l'assassiner et le dévaliser. Impossible de rien tirer du détenu qui, victime de boissons frelatées et de leur intoxication, ne se souvenait plus de rien depuis l'instant où il avait quitté ses amis, si ce n'est l'envahissement subit d'une torpeur immense, en même temps qu'une sensation de vrille dans les tempes. « Il faut, pensait-il, qu'on m'ait versé quelque drogue dans mon verre », mais j'appris du garçon d'hôtel, qu'une femme s'était présentée dans la nuit, sollicitant une chambre, en compagnie d'un client de passage qu'elle remorquait péniblement et qu'il n'avait pas pris soin de dévisager dans son état d'assoupissement. Le bruit d'une chute dans l'escalier était venu lui confirmer l'état d'ébriété du client, cas trop fréquent dans la circonstance, pour qu'il ait pu s'en émouvoir. Et la femme étant ressortie au bout d'un quart d'heure, il l'avait crue suivie de son partenaire. Or, ce partenaire, resté au lit, m'avait tout l'air d'être mon pseudo-Ravachol. La femme était connue. Je l'envoyai quérir. Elle me fut amenée sur l'heure. C'était une prostituée ignoble, quinquagénaire, avariée jusqu'aux moelles, roulée à l'alcool, si dénuée de linge et si disgraciée de visage, qu'elle était condamnée à ne sortir qu'à la nuit close et à n'écumer que les ténèbres. L'aveuglement seul des ivrognes pouvait l'affronter sans horreur. On l'avait surnommée la *Perruque*, parce qu'elle voilait sa calvitie d'un casque de lainage dont les effilés rabattus sur le front, prenaient, à la faveur de l'obscurité, l'apparence de cheveux.

Elle reconnut l'homme pour son client de la nuit. Il l'avait payée avec de la menue monnaie, puisée dans la poche de son gilet, mais elle protesta contre l'inculpation d'entôlage. Si vraisemblable que fut cette inculpation, encore fallait-il l'étayer de preuves. Or, la femme n'avait pas disparu. On ne retrouva sur elle qu'une somme insignifiante ; la perquisition pratiquée dans son taudis n'amena aucun résultat. L'homme avait pu être victime d'un vol avant sa rencontre. Des témoins, dignes de foi, affirmaient l'avoir vu boire, dans un débit voisin, en compagnie de gens suspects. La confrontation eut lieu et je n'oublierai jamais le geste répulsif de l'homme, sa nausée de dégoût lorsque mis en présence de la *Perruque*, il apprit qu'elle avait été son idole d'un moment. Et le plus émouvant, c'est qu'au cours de cette confrontation, la femme légitime du dévalisé, prévenue par la rumeur publique, apparut, tenant dans ses bras l'aîné de ses garçons. C'était une jeune femme de vingt ans, appétissante et saine, qui respirait les vertus d'une sérieuse et correcte ménagère. A la vue de son mari défiguré, en loques, encadré d'agents, elle demeura clouée de surprise et de douleur. L'enfant, joyeux de retrouver son père, l'appelait de ses mains tendues, étonné de le voir, contre son habitude, sourd à ses avances, immobile et glacé. Le mari n'osait regarder sa femme muette. Leurs yeux se rencontrèrent enfin. Quelle minute pathétique et quelle intensité de vibration du silence! car l'entrée de l'épouse avait médusé les voix. La *Perruque* même avait senti ses injures de poissarde s'étrangler dans sa gorge. On suppose bien que devant son accusateur, elle avait cédé aux impulsions de sa nature et s'était lâchée en invectives virulentes. Elle les reprit bientôt, satisfaisant sa haine de dévoyée et de paria contre un ménage régulier, un père de famille, heureuse de l'injurier et de l'avilir. J'eus toutes les peines du monde à la faire taire. Quand j'y réussis, elle en avait dit assez pour instruire l'épouse qui, défaillante, se laissa choir sur une chaise avec une pâleur de morte. Se voir dépouiller de tout l'argent disponible la veille du terme, le coup était dur, mais la révocation certaine du mari, la misère entrevue, ce n'était rien encore au prix du déshonneur. L'infortunée trouva la force de soulager sa conscience en affirmant « Mon mari est un honnête homme! » A quoi la *Perruque* « Dites un joli coco!... prévenu de rébellion et d'outrages, son compte est bon! » On assiste parfois à des convulsions du sol, à des déflagrations subites ; un point du monde s'écroule dans un fracas de cinq cent mille tonnerres, Ici, c'était une âme qui s'effondrait en silence, mais dans un silence plus impressionnant que tous les vacarmes. Pas un mot de reproche ne sortit des lèvres de l'épouse outragée. On sentait que l'Amour demeurait le plus fort et lui défendait d'ajouter une seule goutte d'amertume au calice du martyr. Elle allait jusqu'à ravaler ses larmes. Lui, écrasé sous le poids de la honte, perdu, hagard, voyait surgir l'irréparable. Il rendait l'image.

> Du malheureux ensorcelé
> Dans ses tâtonnements futiles,
> Pour fuir d'un lieu plein de reptiles,
> Cherchant la lumière et la clé

et roulant, à travers des escaliers sans rampe, au fond d'un sinistre entonnoir.

Tout un passé de probité, d'honneur, sombré dans un coup de folie. Du bel avenir caressé, de ses joies d'amant et de père, du banquet de la veille, des fleurs offertes, des vœux, des compliments, d'une solennité de famille, il ne restait plus rien... rien que le sentiment atroce d'un désastre irréparable. Et la vieille roulure, dressée entre eux, continuait, malgré tous mes efforts, à cracher son mépris à la face de l'homme, lui reprochant sa honte et sa turpitude, avec un luxe de détails orduriers que, sans doute, elle inventait.

J'étais si ému de cette déchéance, que je me sentais incapable de donner suite à cette affaire, malgré l'insistance des agents et la gravité de leur déposition, où se devinait d'ailleurs un levain de représailles, le besoin de prendre leur revanche d'une rude corvée et leur parti-pris de se prévaloir d'une arrestation difficile. Leur rapport, sans être mensonger, était un spécimen de « vérité ornée ». Pour maintenir le *prestige de l'autorité* je fis semblant de leur donner satisfaction. J'établis un procès-verbal que j'avais l'intention de laisser moisir dans mes cartons et qui effectivement, n'en sortit jamais. Ma conscience était en repos. Il n'y avait pas à mes yeux, à proprement parler, de rébellion. La rébellion implique une volonté consciente. Il n'y avait ici que la résistance *passive* d'un pauvre diable, égaré par la boisson, refusant de se laisser emmener avant qu'on eût fait droit à ses réclamations. Ses injures aux agents étaient suffisamment expiées par ses excuses spontanées et la sincérité de son repentir. Le cri de « Vive l'anarchie! » si vraiment il avait été poussé, ce qui fut loin d'être établi, ne signifiait plus rien dans la circonstance. Ce ne pouvait être qu'une suggestion de l'époque. Ce cri courait les rues. Il revenait, à chaque instant, dans les réunions publiques, dans les journaux, dans les discussions privées ; on le voyait écrit sur les murs. C'était le « tarte à la crème » du jour. Non! ce prétendu anarchiste ne pouvait être à mes yeux un coupable ; c'était une victime, mais il y a les formes. Je ne pouvais pourtant pas lui ouvrir les bras en lui criant, comme Octave :

Soyons amis, Cinna, c'est moi qui t'en convie!

car j'étais la *loi offensée*. Je ne pouvais même pas lui laisser deviner ma profonde pitié. Et si j'avais, secrètement, résolu de le sauver de ce mauvais pas, je crus devoir, par compensation, l'accabler d'une verte semonce dont j'aurais pu m'abstenir, en considérant qu'elle était bien inutile, après les remords de sa conscience, les bourrades reçues et ses risques d'infection. Je n'avais pas retenu davantage l'inculpation de bris de clôture, mais je ne pouvais remettre le détenu en liberté sans qu'il eut indemnisé le logeur de ses vitres cassées. C'était une somme de dix francs que les deux époux, réduits à néant, étaient bien en peine de fournir. La femme promit de les emprunter et, comme il fallait que tout fût réglé séance tenante, elle offrit son alliance en gage à l'hôtelier qui eut le front de l'accepter. Le drôle n'y coupa pas, d'ailleurs, d'une contravention pour réception de fille de débauche. Celui-là qui tirait ses gains uniquement de la prostitution ne m'intéressait guère. Pour l'autre, je lui fis payer sa mise en liberté d'une menace de poursuites. C'était peu. C'était trop encore. J'aurais dû, tout au moins, prendre à part la femme innocente, nourrice de son dernier-né et la réconforter d'une bonne parole. Je gardai le remords de ne l'avoir pas fait. J'en déjeunai, ce jour-là, de mauvais appétit et j'en dormis fort mal. J'avais toujours devant les yeux, le malchanceux ménage. Il habitait loin de mon quartier. Je n'en entendis plus parler. J'appréhendais une résolution désespérée de la part du mari. Je souhaitais qu'il n'en fût rien, mais je n'osai m'informer, crainte d'apprendre un malheur dont je me serais attribué la responsabilité. Voilà dans quelles agitations perpétuelles je vivais alors.

On comprendra qu'avec une besogne si passionnante je n'avais plus le loisir d'écrire et je n'y pensais pas. A quoi bon les livres pour qui peut lire dans la vie même et feuilleter les âmes ?

XI

CHEZ L'ALTESSE IMPÉRIALE

La jeunesse littéraire était, alors, en proie à une véritable fureur d'affranchissement. Par haine du commun, la singularité y était assez bien portée. L'un de ses guides élus, M. Maurice Barrès, avait récemment déclaré : « Les esprits vulgaires auraient tort de vouloir que leur état propre soit le type de l'intégrité intellectuelle. Les grands hommes n'ont jamais possédé le magnifique équilibre des imbéciles. » Fort de cette parole, c'était à qui se décernerait brevet de génie à coups de paradoxes et d'excentricités. Il n'est pas jusqu'à la Magie et à la Sorcellerie qui ne fussent devenus des éléments d'inspiration. Les mieux trempés affectaient des allures « évanescentes » et les plus sains de nature de morbides inclinations. Les cénacles avaient proclamé dieu le fou sadique Maldoror. Il s'en était suivi une littérature spéciale, troublante et raffinée mais, comme dit Montaigne, « l'affinement des esprits, ce n'en est pas l'assagissement ».

Rien n'était plus typique que le détraquement de l'heure accéléré par les méfaits du snobisme et sans qu'il soit besoin de plus d'ambages, le récit suivant suffira à vous en imprimer l'idée :

Le Hall de la *Plume*, avec ses expositions de tableaux et d'affiches, était un lieu fort à la mode. L'élite de la société parisienne s'y donnait rendez-vous, mêlée à l'assistance cosmopolite. Le prince Ourousoff y trônait, entouré de ses plus huppés nationaux de passage. On y coudoyait jusqu'à des princes du sang et des têtes couronnées : le roi Milan, Ferdinand de Cobourg, le prince héritier de Monaco, la princesse de Richelieu... C'est là que parut, un jour, une splendide amazone slave, au profil ardent, la princesse *** que suivait un bruit d'inquiétantes légendes. On la disait apparentée aux Romanoff, mais ses frasques l'avaient fait exiler de toutes les cours d'Europe. Sa liaison orageuse avec l'impératrice Elisabeth d'Autriche, ses démêlés avec je ne sais plus quel principicule boche, souffleté devant sa cour, à propos d'une histoire de cocher, avaient ému et bouleversé le monde des chancelleries. Affligée d'une immense fortune, installée depuis peu, dans un somptueux hôtel de la Plaine-Monceau, en bordure du parc, elle y recevait, outre les gens de son monde, une foule hétéroclite de déclassés et de parvenus. Livrée à ses caprices, amie des arts, décidée à jouer le rôle d'un Mécène, elle invitait, pêle-mêle, à ses réunions, jusqu'aux rapins obscurs rencontrés dans les ateliers de Montparnasse et jusqu'aux bohêmes de lettres des caveaux de Montmartre. « Amenez-moi vos amis, disait-elle, à Léon Deschamps. Je suis folle de musique, de peinture et de vers! » Elle avait consacré aux Muses ses soirées du mardi. Deschamps m'avait transmis l'invitation. Après bien des hésitations où, je l'avoue, les préjugés n'entraient pour rien, je me décidai, un mardi soir, à l'y suivre. Nous y fûmes assez tard, sur le coup de dix heures.

Le vestibule avait grand air avec son escalier monumental, ses hautes colonnes de marbre, ses bustes d'empereurs romains, ses plantes vertes et son peuple empressé de valets dorés sur tranche. Une séance poétique et musicale se donnait dans la galerie où nous ne pûmes pénétrer à cause de l'affluence. Un rideau soulevé nous permit d'entrevoir une estrade lointaine, flanquée de cassolettes de parfums, et de hautes torchères à la flamme immobile et bleue, toute une mise en scène impressionnante, ésotérique, dans le goût du jour. Une femme vêtue de blanc, à la grecque, ceinte de narcisses chantait l'hymne d'Augusta Holmès : *Eros prends pitié de nous!* soutenu par les voix en sourdine d'un chœur invisible. L'impossibilité où nous étions de nous frayer passage et la crainte de troubler, par un bruit intempestif, le recueillement de l'auditoire, nous fit refluer dans les salons voisins ouverts en enfilade, et qui offraient à notre curiosité une richesse étalée à profusion, l'attraction et l'éblouissement d'un musée. Des tapisseries de haute-lice retraçaient des sujets empruntés aux *Métamorphoses* d'Ovide : l'histoire de Salmacis, le déguisement de Jupiter en Diane pour séduire Callisto et l'aventure du jeune Iphys qui :

Dona puer solvit quæ femina voverat.

Ces tapisseries, célèbres dans les milieux d'amateurs, avaient une histoire. Exécutées jadis, sur les dessins du Titien, par ordre de François Ier, elles avaient décoré la galerie de Fontainebleau, d'où la pudeur alarmée des siens les avait fait disparaître après sa mort. Certains chroniqueurs en font mention. On les croyait perdues. La princesse en avait retrouvé quelques-unes en Russie. D'autres faisaient partie de la collection secrète du grand-duc Alexis.

Reflétés par le jeu des glaces, des tableaux de Botticelli, de Gustave Moreau et d'Armand Point, évoquaient des visages adolescents d'une beauté indécise. Deux grosses émeraudes luisaient enchâssées en guise de regard, dans le masque de l'Antinoüs. Des iris noirs, des orchidées d'une forme étrange, jaillissaient du col de vases diaphanes. Un bric-à-brac confus mêlait des merveilles de goût à des choses d'un style insolite et barbare. Un petit cabinet circulaire, scintillant et doré, semblait, avec ses divinités à trompes, à bras multipliés comme des tentacules de pieuvre, un sanctuaire boudhique. J'avisai sur une étagère, toute une famille d'horribles crapauds de jade et de petits monstres grotesques à la laideur hallucinante. Nous allions pénétrer dans la pièce suivante où se silhouettaient de dos un vieux monsieur et un jeune officier de marine s'entretenant à voix basse avec des gestes animés, lorsque Deschamps, me tirant par la manche, me souffla : « N'entrons pas. Nous gênerions leur flirt ! » et comme je m'étonnais :

— N'avez-vous pas reconnu l'honorable sénateur B... et Mme M... d'E... ?

— Quoi ! cet officier de marine serait... ?

— Elle-même !

Il est vrai qu'à cette époque (reprenant les traditions de George Sand et de Rosa Bonheur) M. Mmes Dieulafoy et Marc de Montifaud faisaient école et qu'à leur exemple, beaucoup de *Bas-Bleus* s'étaient mises à arborer le costume masculin, mais il était réservé à Mme M... d'E... d'empiéter sur les prérogatives du sexe mâle jusqu'à s'adjuger ses attributs spécifiques : l'épaulette et le galon.

Nous étions venus chez la princesse au petit bonheur, pensant bien y trouver nombreuse compagnie, mais sans savoir au juste de quoi il s'agissait. Ce que nous avions pu entrevoir du spectacle nous intriguait et nous ramena sur nos pas. L'accès de la galerie était toujours obstrué. Un flot sans cesse grossi d'arrivants tardifs restait bloqué sur le seuil, le cou tendu.

La musique avait cessé. C'était le tour des poètes. La voix des récitants ne nous arrivait qu'en murmure, laissant filtrer par intervalles une moitié de strophe, un vers isolé :

Maudit soit à jamais le rêveur inutile...

C'était un jeu, pour nous, de deviner l'auteur et de reconstituer le reste de mémoire.

Des dames décolletées, des messieurs à la boutonnière fleurie, surgissant de l'escalier à chaque minute devaient se résigner à la panne et copier notre humble posture. Quand une main impatiente soulevait la portière, un distique en profitait pour traverser l'espace et nous battre aux oreilles :

Un sourire éternel, frère des soirs profonds,
S'estompe en velours d'ombre à sa bouche ambiguë

et nous reconnaissons un poème d'Albert Samain, paru le matin dans une Revue.

Le vœu qui fit pleurer Achille sur Patrocle,
Et retentir Lesbos des plaintes de Sapho.

et nous reconnaissons un poème de Stuart Merrill qu'il nous avait récité jadis.

La même note de singularité passionnelle que rendaient ces vers captés au vol provoqua dans le groupe des postulants l'exclamation : « Il s'agit donc d'une confession rituelle ? »

« Ne le saviez-vous pas ? » répond un renseigné. « La manifestation est en l'honneur de Péladan et de sa théorie de l'Androgyne. »

Au nom de Péladan, Deschamps fit la grimace. Il ne lui pardonnait pas de l'avoir, quelques mois auparavant, assigné en police correctionnelle pour diffamation. Deschamps n'était coupable que d'avoir inséré dans la *Plume* un article de Léon Bloy où Péladan, « cet Assyrien du ruisseau », était accusé d'avoir assassiné Barbey d'Aurevilly, mais l'article n'était qu'une riposte. C'est Péladan qui avait ouvert le feu en prétendant dans la *France* que Bloy *avait barré de pugilat la chambre mortuaire du* Connétable de lettres *et empêché la prière agenouillée des plus vieux amis du mort.* Cela voulait dire simplement que Péladan se présentant au domicile de Barbey, à l'heure de son agonie, s'en était vu refuser l'entrée, en souvenir d'une vieille querelle. Le procès s'était d'ailleurs terminé à la satisfaction de Léon Deschamps. Péladan avait été débouté et condamné aux frais de l'instance. L'avocat de la *Plume*, le prince Ourousoff, s'était concilié la faveur du tribunal et les rires de l'assistance, en déclarant : « Quand on est le Sar Péladan, on n'assigne pas ses adversaires devant les tribunaux. On les envoûte ! » Il n'en est pas moins vrai que Deschamps se souciait fort peu de paraître faire escorte à son assignateur, et s'associer à son apothéose. Nous allions donc battre en retraite lorsqu'une voix jeta le signal : « Au buffet! » où nous nous rendîmes pour le coup de l'étrier.

Le buffet, aménagé dans le jardin d'hiver, s'animait déjà d'une foule bariolée et caquetante. Au fond, régnait le dressoir, fleuri de linge blanc, d'argenterie et de lumières. Des petites tables dispersées, çà et là, comme au cabaret. Tout Paris était là, le Paris des journaux, des boulevards, des coulisses, des cabinets particuliers, renforcé de l'avant-garde des Lettres.

Partout des visages amis : Paul Adam, le col haussé d'un carcan éblouissant; Marcel Schwob, avec ses yeux de myope au fond des orbites creuses, le front bombé, la face ronde, le teint de cire; Rops, oint de fards, vêtu d'une chemise sang; Jean Lorrain, à la moustache ébouriffée, chargé de bagues polychromes; le narbonnais Caraguel, écrivain, homme de sport et démagogue; Jean Moréas, à qui l'on demande des nouvelles de son roman : *L'Aventure impériale*, annoncé partout mais qu'il n'écrira jamais, pas plus que *la Femme maigre*, et qui, le cigare aux dents, renonce à se montrer dans la salle des séances, en déclarant d'un ton bourru: « C'est idiot! » Il y a aussi des dames : la polonaise Marie Krysinska, qui s'avoue « l'initiatrice du vers libre », Sophie Harley, des femmes peintres, sculpteurs, des femmes du monde et de simples modèles.

M. de Champeaux, le conservateur de la bibliothèque de l'*Union Centrale des Arts décoratifs*, maigre et élégant vieillard, à longue barbe blanche, reprenait un jeune artiste qui se réclamait, à tort, de Ruskin, pour défendre le vermicelle architectural venu en droite ligne de Munich et qui commençait chez nous ses ravages.

— On n'improvise pas un style. Le style n'est pas le résultat d'un caprice individuel mais d'une longue tradition. C'est une fleur qui ne s'épanouit qu'à point nommé et à force de culture. La Révolution, en supprimant les corporations, lui a porté un coup mortel.

Auprès d'eux, se tenait Rebell, face de prélat poupine et réjouie, l'air d'un gros bébé gorgé et repu, immobile, couvant une torpeur béate et qui eût semblé dormir, n'était le coin de sa lèvre ironique en perpétuel éveil. Un groupe d'invités, profitant d'une pause, se déversa tout à coup de la galerie d'où la chassait une chaleur suffocante, chargée de parfums lourds, dans la salle du buffet. Des dames minaudent, en jouant de l'éventail. L'une se pâme sur ce qu'elle vient d'entendre « Exquis... délicieux... ravissant! » Son cavalier la rabroue : « Vous trouvez cela ravissant, vous, ce grand escogriffe à tête de singe, portant lorgnon, qui vient nous débiter avec des gestes pointus :

Je suis pareil à la grande Sapho.

— Vous eussiez voulu entendre cela d'une bouche fleurie... Ce qui vous chiffonne, c'est la tête de singe, riposte la dame, mais, cher, je ne l'ai pas regardée. J'ai écouté les vers tout simplement.

Il n'y a point de tableaux d'orgie antique où le peintre ne juge à propos de poster, dans un coin, le geste renfrogné et méprisant du sage. Le sage est ici. C'est la création du jour, l'idéaliste cynique, l'anarchiste chrétien. Il se présente sous les espèces d'un homme-ours embroussaillé. Je reconnais Clavé, célèbre au pays de Bohème, alternativement sous les noms de *Vieux de la montagne* et de *Barbe-à-poux*, raté de la peinture et des lettres, où il s'est exercé avec le même insuccès et qui va, revêche, tonnant avec aigreur contre la dépravation des mœurs, souhaitant, sur cette liesse païenne, l'éclatement vengeur d'une bombe purificatrice. Hugues Rebell hausse les épaules et, sorti de sa torpeur, murmure à ses voisins : « La haine! voilà tout ce que cette religion qu'on nous donne pour la religion des cœurs a apporté au monde : la haine de la lumière, de la science, de la joie, des fleurs, de la poésie, de l'amour, la haine de tout ce qui exalte et ennoblit la vie. *Barbe-à-poux* a raison. Le monde dégénère mais à rebours de ce qu'il croit. Triste époque que celle où les nobles rougissent de leur titre, les riches de leur fortune et où les poètes n'osent plus, par peur de la foule, brandir leur idée nue. Au lieu de se liguer pour maintenir leurs privilèges et leurs droits à gouverner le monde, ces trois sortes d'aristocratie s'ignorent et capitulent et cèdent aux sommations insolentes de la racaille. N'est-ce pas un signe de sottise que d'entendre, à Londres, au Foreign-office, un ministre d'État, Lord Roseberry, supplier qu'on voulût bien pardonner aux lords leur accident de naissance pour les admettre, s'ils s'en étaient montrés dignes, au maniement des affaires publiques? »

L'anarchiste chrétien réplique : « Votre monde se meurt parce qu'il a détourné sa face du Christ. Vos nobles ont infligé à leurs ancêtres, venus des croisades, où ils avaient versé leur sang pour délivrer la cité sainte, l'insulte sacrilège de leurs unions juives. En se mélangeant à ce sang maudit, ils ont perdu le sens de l'honneur. Les marchands se sont réinstallés dans le temple. Vos financiers ont rétabli le culte du veau d'or. Vos poètes ont ressuscité les hontes du paganisme. Le peuple seul est resté sain. Ce que vous appelez la racaille est le sel de la terre et c'est elle qui est appelée à nous régénérer. En elle, gît notre force et notre espoir. Assez de dillettantisme et d'ironie dissolvante! Nous voulons, pour guides, des gens de ferveur! »

— Autant dire des fous ! Vous voulez nous ramener à l'inquisition et aux bûchers. Nous avons moins besoin de ferveur que de bon sens et de sectaires que d'apôtres conciliants.

— Regardez où nous ont conduits vos in-conséquences et votre fureur de nouveauté.

— Le désir du nouveau, dit Marcel Schwob, n'est que l'appétence de l'âme qui souhaite de se former.

— Quel rapport y a-t-il entre la formation de l'âme et la pratique des voluptés? Croyez-vous trouver le chemin de la vérité à la lumière des sens?

— Pourquoi pas?... La physiologie même a sa valeur psychologique. Savons-nous d'abord si l'âme n'est pas seulement une sorte de matière sublimée, le son qu'en vibrant rend l'argile, ou, s'il n'y a pas unité de substance et si tout n'est pas esprit? Depuis Platon, personne n'avait osé aborder le terrible problème de l'amour. Après une interruption presque deux fois mil-lénaire, il a fallu l'exemple de Schopenhauer pour nous remettre à son étude et nous décider à pénétrer, armés de la science, dans les mys-tères du cœur humain. Le mot de l'énigme sortira peut-être un jour du fond des cornues et d'une expérience de laboratoire.

— Les philosophes matérialistes eux-mêmes vous rappellent au respect humain et vous mettent en garde contre les pièges et les désil-lusions de la chair. S'ils les condamnent au nom de l'hygiène, comment ne proscriraient-ils pas au nom de l'utilité sociale, vos fantaisies cou-pables et vos stériles raffinements?

— Que ceux-là alors nous réprouvent qui ne cherchent dans l'amour que l'espoir d'être père. Combien sont-ils ? Ce n'est pas nous qui avons inventé la morale du plaisir. Elle nous vient du fond des temps et le culte de l'Androgyne est le legs des élites avancées et marque, à chaque étape de l'humanité, un point d'extrême civilisation.

— Ou une régression de barbarie.

— C'est à voir. D'excellents esprits, comme M. Ribot dans son *Hérédité* hésitent du moins à se prononcer... N'êtes-vous pas frappé de ce fait que les plus grands génies présentent le caractère urnien et si l'on regarde plus bas, bien qu'à des degrés élevés encore, quel magnifique sénat d'illustrations marquées de ce signe sacré !...

Et comme l'orateur jetait en l'air une foule de noms fulgurants de papes, d'empereurs, de rois et de grands capitaines, quelqu'un qui, par ironie, s'était mêlé de dire :

— Pourquoi pas Napoléon ?
s'entendit crier de divers côtés :

— Vous n'avez donc jamais lu Stendhal ? Interrogez Henri Rochefort. Il a, là-dessus, des documents de famille qu'il se propose de publier dans ses *Mémoires*.

— Si vos renseignements sont exacts, conclut *Barbe-à-poux*, je serai tenté de voir dans la destinée tragique de ces hommes et leur vie empoisonnée, le juste châtiment de la règle offensée et la manifestation de la colère divine.

— Oui, confirma M. de Champeaux, la tortue qui a tué Eschyle, le fer qui a tué César, ont une valeur symbolique et dénotent chez les Urniens une prédestination de mort violente. Tous sont exposés aux chocs brutaux comme s'ils étaient en butte à l'animosité de forces occultes. Faut-il vous rappeler le sort des plus notoires : Henri III, Édouard II d'Angleterre, Jacques Ier d'Écosse, Charles XII, Wallenstein, Tilly, Winckelmann, Louis II de Bavière...

— Louis XIII est mort tranquillement dans son lit, objecta Hugues Rebell.

— Louis XIII s'enveloppait d'ombre. Il se peut que le ciel lui ait tenu compte de sa dissimulation comme d'une circonstance atténuante. Il est permis d'ailleurs de considérer comme un châtiment le fait qu'il s'est vu retirer des mains le gouvernement qu'il n'était pas digne d'exercer. Il n'a régné que de nom sous la tutelle d'un prince de l'église, mais si Dieu dans sa miséricorde infinie, se laisse aller à la pitié vis-à-vis des coupables timorés ou repentants, il frappe impitoyablement ceux qui pêchent avec ostentation et veulent ériger leur doctrine en exemple. Malheur à ceux par qui se déchaîne le scandale ici-bas ! Malheur à ceux qui brouillent les notions du juste et de l'injuste et s'emploient à dénouer les liens de la famille humaine !

Et le jeune baron de B..., poète mystagogue et sous-lieutenant de hussards, de s'écrier :

— Le vautour de Prométhée, aussi, était un châtiment du ciel. Cela ôte-t-il rien à la valeur de son geste? Toute liberté se paie. Toute religion veut ses martyrs !

— Vos allégations confirmées, répliqua *Barbe à-poux*, viendraient à l'appui de cette thèse que le génie est une névrose.

— Alors, soyez logique, et condamnez aussi l'intelligence qui n'est qu'un degré inférieur du génie. Vous auriez même jeu à soutenir que l'intelligence est chose anormale, fruit défendu, et que le type de l'intégrité intellectuelle se trouve chez la brute primitive, l'homme préhistorique, l'homme des cavernes, disputant sa proie aux bêtes carnassières qui l'entourent. Or, précisément, l'effort de la civilisation consiste, pour l'homme, à s'évader de l'animalité, de la fatalité de l'instinct et à batailler comme dit Verlaine :

Pour l'affranchissement de la lourde nature.

La conception de l'Androgyne est la marque d'un génie supérieur. Qu'on ne m'objecte point le vœu de la nature. Comme si nous avions reçu ses confidences ! Sait-on à quoi elle tend en définitive et ne sont-ce pas les neutres, dans les républiques d'insectes, qu'elle élit pour magistrats et gardiens de la cité ? Le vœu de la nature ne vaudrait pas plus ici qu'il ne vaut contre le célibat des prêtres, et leur élan vers la chasteté, que les plus hautes religions s'accordent à considérer comme la vertu suprême !

— N'exagérons rien, sursaute Hugues Rebell. Les forts ne s'embarrassent point de tant de scrupules. La chasteté n'est au fond que la théorie des impuissants. Pourquoi m'abstiendrais-je de cueillir les fleurs et les fruits que Dieu, s'il existe, a mis à portée de ma main ? Est-ce que ses débordements ont nui à la fortune de César ? La soif du plaisir est si légitime que les chrétiens eux-mêmes en font le ressort de notre activité ; seulement ils en ajournent l'échéance. Les âmes ne connaîtront les délices de la volupté qu'après la mort. S'abstenir, jusque-là, n'est-ce pas faire marché de dupe et lâcher la proie pour l'ombre ? J'aime mieux vivre mon paradis ici-bas. Je veux m'y griser de rêves, de chimères, de caresses et de vin. L'important c'est d'être toujours ivre, comme dit Baudelaire.

A ce moment, un bruit se fit. On ouvrait les deux vantaux d'une porte de la galerie dont l'atmosphère d'étuve appelait un courant d'air. Cette ouverture nous mettait en communication directe avec le spectacle touchant à sa fin et, dans le silence qui s'en était suivi, montait une voix qui psalmodiait, au bruit des harpes, le cantique de Péladan :

« Los à toi ! Eros intangible, Eros uranien !...

« Los à toi ! ô guérisseur des banales tendresses, alchimiste puissant du désir imparfait, Athanor du grand œuvre dans le monde des âmes : c'est ton destin qui veut les erreurs passagères, les fécondes erreurs, d'où, dégangué, tu montes au devenir sublime, parmi l'étonnement curieux des agnostes...

« Los à toi ! Prince du Septenaire qui, tour à tour, commandes et obéis ! O sexe initial, sexe définitif, absolu de l'Amour, absolu de la forme, sexe qui nie le sexe, sexe d'éternité ! Los à toi Androgyne !... »

Léon Deschamps pouffait. « Sortons ! » fit-il, et nos pardessus lestement enfilés, nous descendions, en courant, l'escalier et gagnions la rue où, la barricade franchie des équipages en station et la cohue des larbins, nous aspirions comme une délivrance, la solitude et l'air glacé de la nuit, aussi réjouis du banal décor quotidien retrouvé que si nous venions d'échapper au royaume des ombres.

XII

UN JOLI COUP DE FILET
DE L'INSPECTEUR PRINCIPAL JAUME

Ravachol courait toujours, multipliant ses exploits, jetant ses bombes dans Paris, et la police était sur les dents. Sa tête mise à prix déchaînait les convoitises et faisait se lever de tous côtés des policiers amateurs. Chacun avait sa piste. Les mystificateurs s'en mêlaient. Il n'était pas de jour où le commissariat ne reçût des lettres anonymes signalant sa présence sur un point du quartier, si bien, qu'après tant de vérifications stériles, je ne les dépouillais plus que d'une main sceptique et désabusée. C'est avec le même détachement que j'accueillais les prétendues révélations du voisinage, et la confidence que me fit, un soir, un *indicateur* venu tout essoufflé m'informer que Ravachol et sa bande s'étaient réfugiés dans une maison abandonnée de la zone.

— Ils couchent là depuis huit jours ! affirmait-il avec conviction.

— Comment le sais-tu ?

— J'ai vu Ravachol y entrer.

— Tu le connais donc ?

— Non, mais j'ai vu sa photographie dans les journaux.

— Pourquoi ne m'as-tu pas prévenu plus tôt ?

— Je n'étais pas sûr que ce fût lui. Il se cachait, la tête enveloppée d'un gros cache-nez violet. Je ne l'avais vu que de loin, mais je viens de le rencontrer, rue de la Chapelle, avec le même cache-nez violet. Je l'ai examiné à la clarté d'un bec de gaz. Je donnerais ma tête à couper que c'est lui.

— Ta tête n'est pas bien solide sur tes épaules, fis-je en gaîté, il est probable qu'elle s'en détachera un jour, mais dans une autre circonstance. Je crois plutôt que tu veux te payer la mienne.

— Pensez-vous, monsieur le secrétaire ? Je vous donne ma parole que je dis la vérité. Oui ! ma parole d'honneur !

Et, suivant le rite, il se mit à cracher à terre en élevant la main droite avec force, comme pour prendre les dieux à témoins de sa sincérité.

— Ainsi un cache-nez violet t'a suffi pour reconnaître un monsieur que tu n'as jamais vu qu'en photographie ? Le violet est la couleur à la mode et les cache-nez ne sont pas rares en cette saison d'hiver. Beaucoup de gens en portent.

— Oh ! pas comme celui-là !

— Qu'a-t-il donc de particulier ?

— La façon dont l'homme s'en couvre, pour dépister les indiscrets et éviter les regards.

— Alors tu n'as pas vu son visage ?

— Ses yeux !... j'ai vu ses yeux !

Et tourné vers le portrait de Ravachol, épinglé au mur de mon cabinet, suivant les prescriptions administratives, il attesta : « Ce sont bien ces mêmes yeux ! »

Il n'y avait pas là de quoi m'impressionner outre mesure. Néanmoins, j'exigeai que le dénonciateur précisât ses informations au sujet de la demeure. Ce n'était pas facile. La maison en question était isolée, perdue, près des fortifications, au milieu de terrains nus.

— Vous la reconnaîtrez sûrement, prétendait-il un seul étage... couverte en tuiles... barbouillée de jaune... entourée d'un jardin, même qu'il y a sur le mur d'enceinte une pancarte : *Fumier à vendre* !...

Pour plus de sûreté, je lui mis sous les yeux un plan du quartier avec une échappée sur la zone ; il l'étudia un moment puis, après mille tâtonnements, y traça une croix pour désigner approximativement l'emplacement.

Cela restait si vague que je n'y pouvais puiser une résolution. D'ailleurs j'avais une affaire urgente à terminer. L'heure de la fermeture s'avançait. Je n'étais pas disposé ce soir-là à faire du « rabiot » et je pressentais l'inévitable « chou blanc ». L'indicateur s'offrit en vain à m'accompagner. Je le congédiai en lui disant :

« Va conter tes sornettes à d'autres, mon bonhomme. Je n'ai pas de temps à perdre aujour-
d'hui. » Il partit, fort désappointé, car il croyait
déjà tenir la prime de capture, mais il n'était
pas plutôt sorti que l'idée me vint, à tout hasard,
de risquer le coup.

C'était insensé dans les conditions où je me
trouvais. On se souvient que le commissariat
était dépourvu de poste. Une assez longue distance nous séparait du plus proche, rue de
l'Évangile. Rien ne nous reliait avec lui, ni
télégraphe ni téléphone. Pas d'agents sous la
main. Le garçon de bureau n'était pas de service les soirs où j'y venais. Je n'avais, avec moi,
que le vieil inspecteur G..., absolument incapable de prendre part à une expédition de ce
genre. Le seul service qu'il put me rendre ce fut
d'aller chercher à la station voisine, un cocher
de fiacre dont j'avais fait mon *factotum*, et qui
s'y employait de fort bonne grâce, quand il en
avait la possibilité, le dénommé Fritz Kuhlen.

C'était un compère madré, vieil alsacien
portant l'uniforme blanc des cochers de l'*Ur-
baine*, qui s'était acquis, dans sa corporation, une
célébrité, par sa manie de mystifier les agents de
police, ennemis naturels des cochers, auxquels
il ne cessait de jouer de malins tours. Il fallait
l'entendre lui-même, dans son patois alsacien,
mâtiné d'argot faubourien, raconter ses prouesses
le verre en main, chez Milent. Milent c'était
le tenancier d'un débit de vins, situé dans l'im-

meuble même du commissariat, où j'avais eu
déjà l'occasion d'aller faire un tour. La façon
dont nous avions fait connaissance ne laissait
guère présager un échange d'aménités subsé-
quent. Cela remontait aux premiers jours de
mon installation. Mandé d'urgence à la Préfecture de Police, j'étais en quête d'un fiacre.
Aucun ne se présentait. J'avisai le sien qui station-
nait à la porte du débit où l'homme entamait
une partie de cartes. Je le fis hêler par un agent.

— *Imbossible, monsieur l'achent, je vas relayer.
Ma bête, il est fourbue.*

L'agent m'ayant rapporté ses paroles, j'entrai
à mon tour, lui déclinai ma qualité et ajoutai :
« Vous êtes en état de contravention. Je vous la
dresse séance tenante, si vous ne vous exécutez
pas ? — *Gomme il vous blaira*, fit-il, *j'en réfé-
rerai à la société brodectrice des animaux. Je
ne veux pas esquinter mon canasson. Vous bouvez
vous rendre compte de son état.* » Évidemment, un
cheval de fiacre ne put jamais passer pour un
modèle de vigueur, mais il me sembla que ce
cocher entendait surtout finir tranquillement sa
partie et je m'obstinai. Le patron, qui me connaissait seulement de vue alors, dût l'incliner
à la conciliation, car il se décida à sortir et
parut se résigner ; mais tandis que je sautais
dans la voiture, et dans l'instant même qu'il
escaladait son siège, il donna à la dérobée, un
coup de canif dans le harnais. Vingt mètres,
plus loin, le résultat escompté se produisit,

le harnais se rompit et le cheval quitta les bran-
cards, laissant le véhicule en panne au milieu
de la chaussée. « *Vous le voyez, pourchois,* me
dit-il, descendu de son siège, d'un ton qu'il
voulait piteux mais où éclatait quand même
une satisfaction narquoise, *imbossible d'aller
blus loin !* »

J'étais joué et furieux. Un autre fiacre passait à vide ; je m'y jetai. J'avais déjà trop perdu
de temps pour m'attarder encore en paroles de
menaces. « Le drôle me le payera ! » pensais-je,
mais, l'alarme passée, je réfléchis qu'il serait
bien difficile de faire la preuve et qu'il aurait
les rieurs de son côté, ce qui est encore une
manière d'avoir raison.

Le coup de canif était visible, mais ça pouvait provenir de la malveillance d'autrui ou d'un
simple accident.

Sans doute, son patron exigerait d'être
indemnisé. Indemnité d'un côté, contravention
de l'autre, je finis par m'égayer à l'idée d'un
homme qui ne reculait pas de payer si cher une
fantaisie et la satisfaction de retourner à sa
partie d'écarté.

Mon bonhomme s'attendait à un procès-verbal
et, les délais écoulés, s'étonna de ne voir rien
venir. Bien mieux ; à quelque temps de là, une
discussion avec un client l'amena à mon commissariat. « Je suis frit, pensait-il, on est prévenu
contre moi là-dedans ! » Mais le client avait
tort. Je ne pouvais lui donner raison. Je vis

mon Kuhlen, tout ébaubi de la décision, ne savoir plus comment me remercier. Il en profita pour s'informer des suites de sa contravention. Je me bornai à lui répondre : « Vous n'en valiez pas la peine ! » Rejoignant ses collègues, il leur confia : « J'ai trouvé plus finaud que moi et mon maître » et, dès lors, il me voua un dévouement absolu. Je le retrouvai chez Milent.

— *Ne fus chênez pas*, me dit-il, *quand vous aurez pesoin d'une voiture, de faire abbel à mes services. Che serai toujours là pour un coup.*

Il lui arriva de refuser mon argent quand il s'agissait de menues corvées. Il m'offrit même de me voiturer un dimanche à la campagne, ce que j'étais bien en peine d'accepter, tant je disposais peu de pécune et de loisirs. Il me présenta sa femme : parisienne fûtée, coquette, agréable, dont on jasait dans le quartier, mais qui valait mieux que sa réputation et qui ravissait par l'atmosphère de gaîté qu'elle jetait autour d'elle.

Je savais gré au père Kuhlen de ses offres de service dont je ne voulus jamais abuser, mais il m'advint de le mettre à contribution dans certains cas comme celui qui se présentait et où je ne pouvais engager sans risque, ni mes dépenses personnelles ni celles de l'administration.

Le père Kuhlen suivit d'un bond l'inspecteur au commissariat.

— Voilà, dis-je. Cloué ici jusqu'à dix heures, j'ai une communication pressée à faire au poste de la rue de l'Évangile. Il s'agit d'y courir en voiture et de me rapporter la réponse.

— *A fos ortres* ! fit-il, en prenant le papier que je lui tendais et où, sans dire exactement de quoi il s'agissait, je demandais deux ou trois agents pour m'assister dans une opération délicate, et il s'éclipsa.

Il rappliquait vingt minutes plus tard. Le chef de poste me faisait savoir qu'il n'avait pas d'hommes disponibles, et qu'il lui fallait le temps de rechercher des « ilotiers », c'est-à-dire des agents en cours de tournée, qu'il m'enverrait, *si toutefois il en trouvait*.

Ce délai m'impatientant, j'allais envoyer tout au diable, quand, successivement, parurent l'ami Paul Marius-André et l'ami Léon Riotor qui, sans s'être donné rendez-vous, et sans même se connaître, passant devant le commissariat, avaient eu l'idée de venir m'y cueillir, pour aller gobeletter dans les environs.

— C'est le ciel qui vous envoie ! m'écriai-je, sans prendre le temps de leur expliquer l'affaire. J'ai besoin d'un coup de main. Venez !

Je les poussai dans le fiacre du père Kuhlen à qui j'ordonnai de nous conduire bride abattue à la barrière de la Chapelle. Ce n'est qu'en cours de route que je les présentai l'un à l'autre et que je les avertis du risque de l'expédition, mais loin de s'en effrayer, ils s'en divertirent fort.

— D'ailleurs, ajoutai-je, le poste est prévenu et nous enverra du renfort.

Je comptais même rencontrer des îlotiers en chemin ; mais ce fut en vain que mes yeux exploraient l'ombre, à travers les vitres fermées, à cause du froid vif.

Le brave Kuhlen ne demandait pas mieux que de se tenir à notre disposition *gratis pro deo*, mais je savais qu'il devait aller prendre un client vers onze heures, sur les boulevards, à la sortie d'un cercle et je ne voulais pas lui faire perdre le gain de sa soirée.

Je l'engageai seulement, en le congédiant, à retourner au poste, pour avertir les agents de me joindre à la barrière, où je les attendais et, au besoin, de m'envoyer ceux qu'il lui serait donné d'apercevoir en s'en retournant, et sans doute n'en vit-il pas puisqu'aucun ne vint.

Paul Marius-André, Riotor et moi, demeurâmes en expectative à la barrière, un bon moment. Le pied de grue n'avait rien de réjouissant. La nuit était humide, froide et venteuse. De brusques rafales nous cinglaient, par moments, le visage. Las de croquer le marmot dans de si pénibles conditions, je décidai de poursuivre la route. Je laissai, par précaution, la consigne au douanier de service de nous expédier les gardiens, s'il en survenait, et, suivi de mes deux acolytes, je m'engageai sur la zone. Il ne s'agissait, dans ma pensée, que de repérer les lieux pour gagner du temps et ronger notre impatience, car aucun de nous ne portait d'arme et il ne pouvait être question de livrer assaut, à nous seuls, à une citadelle de bandits.

Il n'était pas facile de nous orienter. Nul passant auprès de qui se renseigner, et, plus nous avancions, plus la solitude se faisait. Aucune lumière. La lune, bousculée de gros nuages noirs, ne luisait que par instants. Nos pieds buttaient dans un chaos d'immondices, de plâtras, de ronces enchevêtrées. Enfin, après de longues recherches, au détour d'un sentier, la maison apparut. Je la reconnus à son écriteau, lavé par les pluies « *Fumier à vendre* » à son barbouillage chocolat, son toit de tuiles et nous en fîmes le tour, avec prudence, mais sans anxiété, tant nous escomptions une ruée imminente de képis. C'était une bicoque sordide, lézardée, menaçant ruine. Rien n'y bougeait, ce qui acheva de nous rassurer.

— Il n'est pas possible, me disais-je, que Ravachol et sa bande se soient réfugiés là.

La grille du jardin n'existait plus. On l'avait remplacée par une barrière de planches, la plupart déclouées, et qui en rendaient l'accès libre aux vagabonds. Après un moment d'incertitude, nous finîmes par nous y glisser. Le jardin n'était plus qu'un fouillis d'orties. La maison dormait silencieuse. La porte était entrebâillée. Encouragé par tant d'assoupissement, je la poussai, prêtant l'oreille, puis n'entendant rien, nous entrâmes résolument. L'aplomb nous revenait en songeant qu'à trois, c'était assez, pour tenir en respect plusieurs drôles ensevelis de sommeil, car s'il en était céans, ils ne pouvaient que dormir. Mais la lune s'était cachée, un noir d'encre s'en suivit. Le coup s'était décidé si brusquement que nous n'avions pas emporté de lanternes. Heureusement, j'avais dans la journée pratiqué, en ville, une apposition de scellés et oublié de décharger mes poches au retour. La chandelle qui m'avait servi s'y trouvait encore. Je l'allumai et me rendis compte de l'état des lieux. Les deux pièces du rez-de-chaussée n'offraient aucune trace d'habitation humaine, et, pas davantage, les deux pièces de l'étage. Une échelle de meunier conduisait au grenier, également divisé en deux compartiments, mais encombré d'une pouillerie d'objets de rebut. Personne dans le premier. Personne dans le second que je me bornai à explorer du seuil, d'un coup d'œil circulaire et hâtif. Des vêtements étaient bien jetés sur un squelette de chaise, mais si usés que leur abandon s'expliquait et si poussiéreux qu'ils semblaient dormir là depuis une éternité. Nous allions donc redescendre, tranquillisés, lorsqu'un bruit insolite se fit entendre. Cela venait du fond de la soupente, où nous revînmes en toute hâte, et Paul-Marius André, avisant derrière une pile de fagots une forme noire, me souffla à l'oreille : « Il y a là quelqu'un, couché par terre ! »

J'approchai la bougie : j'aperçus sur un grabat, une couverture qui remuait. Je la saisis d'un bond pour l'arracher et reculai d'horreur en découvrant un cadavre d'homme que les rats étaient en train de dévorer. Les bêtes, furieuses d'être dérangées, fuyaient de tous côtés et mon geste de recul fut si brusque que je chancelai sur la pile de fagots et que la chandelle, échappée à mes doigts, roula à terre où elle s'éteignit. Ce fut une minute épouvantable où il nous sembla épouser toute la purulence et toute la vermine du monde. Je compris alors l'énergie désespérée avec laquelle l'héroïne de Gœthe, dans *Faust*, se débattant contre les ténèbres de la mort, s'écrie : « De la lumière ! » Je ne retrouvais plus ma boîte d'allumettes, glissée dans la doublure de mon pardessus, Paul-Marius André et Léon Riotor, n'étant pas fumeurs, en étaient dépourvus. Comment nous dépétrer de ce lieu obstrué où nos pas trébuchaient ? Nous ne pouvions en sortir et retrouver la trappe et l'échelle de meunier qu'en tâtant le sol avec nos mains, ce que nous n'osions faire, par crainte des rats pullulants. Nous allions bientôt éprouver qu'il y a des angoisses pires encore que celles qui viennent de la vue d'un cadavre ou de rongeurs carnassiers, et qui se tirent de la seule présence d'hommes sains et vivants.

Un dégagement de lune, illuminant l'intérieur du grenier, vint fort à propos nous permettre de nous orienter, mais nous n'étions pas redescendus à l'étage inférieur qu'une alerte se produisit, qui nous réconcilia d'emblée avec le cadavre et les rats, en substituant à un péril imaginaire un péril réel, autrement redoutable. Marius André qui ouvrait la marche nous arrêta. Il avait cru voir, par la fenêtre, dans le jardin, éclairé de lune, se mouvoir des ombres suspectes. « Dieu soit loué, m'écriai-je, ce sont mes agents ! » Mais non ! des agents eussent marché à nous résolument et se fussent pressés d'accuser leur présence. Il semblait au contraire qu'on voulût nous ménager une surprise... Je regardai, je ne vis rien d'abord. « Écoutez ! » reprit Paul-Marius André, inquiet d'un chuchotement qu'il croyait entendre dans la salle du bas. Je n'entendais que la rumeur du vent dans les arbres. « Chut ! » ordonna-t-il impérieusement en me saisissant le bras. Tous trois rapprochés comme pour faire bloc contre le danger, demeurions en observation à l'angle de la fenêtre, épiant les abords de la maison. Un homme se glissait dans le jardin puis un second, puis un troisième à égale distance et dont les allures ne disaient rien qui vaille. Tous trois portaient la casquette des apaches, un foulard rouge noué au cou, en signe de ralliement. Pas de doute, la maison était cernée. Nous étions pris au piège. Des rôdeurs, avertis de notre présence, avaient décidé de nous faire un mauvais parti. L'inquiétude nous énervait. Il fallait en finir pourtant et ne pas laisser se resserrer davantage l'étreinte ennemie. C'était diminuer nos chances de salut que d'attendre le choc de pied ferme entre ces quatre murs. Au moins, dehors, la résistance avait plus de jeu et un appel au secours risquait d'être entendu. Nous sentant traqués, nous n'avions plus d'espoir que dans la fuite et nous nous y résolûmes en dégringolant l'escalier à toute vitesse et en prenant, pour nous ruer dehors, un élan vigoureux.

A peine avions-nous franchi la porte que nous étions brutalement saisis par une multitude de mains invisibles sorties de l'ombre. « Ah ! vaches ! on vous tient enfin ! » Des capuchons, jetés sur nos têtes pour étouffer nos cris, nous aveuglèrent soudain. Nous nous sentîmes emportés à la merci de bras robustes et forcenés, sans savoir où l'on nous menait et nous nous demandions avec anxiété ce qu'il allait en advenir. Je me croyais bien près de ma dernière heure, et j'éprouvai ce curieux phénomène rapporté par des gens échappés miraculeusement à la mort ; je revécus en une seconde toute mon existence passée. Les scènes s'en succédaient comme celles d'un film de cinéma, tourné à rebours, mais n'ayant rien perdu de leur intensité première.

Au bout d'un instant qui me parut un siècle, l'étau des mains qui m'étreignaient se desserra. Je pus reprendre pied à terre. On me délivra de ma cagoule. Je me croyais à cent lieues de Paris. Je retrouvais le paysage connu des fortifications. Nous étions sur le chemin de ronde où des fiacres stationnaient. La lueur d'un réverbère éclairait la silhouette d'un gros homme en jaquette et chapeau melon. Nos agresseurs lui parlaient avec déférence et l'appelaient « chef ». « Voilà le butin! lui dirent-ils, trois pièces au tableau! »

Il me sembla que le gros homme, ravi de la capture, se disposait à nous interroger, lorsqu'une voix glapit, près de lui, en me désignant :

— Mais, c'est le chien du commissaire!

Au son de cette voix traînante, faubourienne et puant le rogomme, je reconnus mon *indicateur* et tout s'expliqua. Nous n'étions pas tombés aux mains d'apaches, mais d'agents du service de sûreté, camouflés en rôdeurs de barrière, venus comme nous, dans les mêmes intentions, et qui nous avaient pris pour les anarchistes convoités. Ces agents étaient en tournée d'inspection sur les boulevards extérieurs, ce qui justifiait leur déguisement, sous la direction de leur inspecteur principal Jaume, explorant les bouges de Montmartre, où mon indicateur s'était rendu au sortir du commissariat et où il les avait rencontrés. Persuadé que je ne tiendrais aucun compte de sa démarche, il leur avait, pour rattraper ses espoirs de prime, renouvelé sa déclaration, et Jaume, prévenu par eux, avait saisi la balle au bond et tenté l'aventure, encore qu'il ne s'abusât peut-être pas plus que moi sur les chances de réussite.

Ce gros ventre ballonnant, c'était l'inspecteur principal Jaume en personne que je n'avais pas encore eu l'occasion d'approcher. Apprenant qui j'étais, il me tendit, sans embarras, une main que je serrai machinalement sans effusion, et je ne pus m'empêcher de lui dire : « Singulière façon de faire connaissance! » On comprendra qu'à la suite de cette aventure je n'étais pas animé à son endroit de sentiments fort amicaux.

C'était un homme sans façon, à la bonne franquette, que Jaume, mais je lui fis grief, ce soir-là, de sa bonhomie cordiale comme d'un raffinement d'ironie. Je m'irritai de le voir s'esclaffer de ma mine déconfite et, par vengeance, je lui présentai mes deux compagnons comme des « journalistes influents », sachant que la crainte des journalistes est pour un fonctionnaire, le commencement de la sagesse. Ses sourcils se froncèrent mais le temps d'un éclair ; la sérénité se réinstalla vite en lui. Me tirant à l'écart, il me confia à voix basse :

— Après tout, ces messieurs n'ont pas plus que nous intérêt à ébruiter l'affaire.

— Qu'en savez-vous? fis-je, résolu à l'inquiéter, Paul-Marius André est, en outre, secrétaire d'un député ministrable (ce n'était mentir qu'à moitié) capable d'imposer au préfet une mesure disciplinaire et le préfet de son côté, ne manquerait pas de s'étonner de vos façons d'agir. Que signifie cette irruption sans mandat, cette mise en scène de mélo, ce déploiement ridicule de forces et de sévices inutiles contre trois paisibles citoyens ?

— Mais pourquoi diable, au lieu de vous montrer, avez-vous éteint la lumière à notre arrivée, autorisant ainsi les pires soupçons ?

— La lumière s'est éteinte accidentellement et cette circonstance même ne saurait justifier votre guet-apens !

— On ne prend pas de mitaines avec les malfaiteurs. La ruse est de bonne guerre. Je regrette l'incident dont vous êtes les innocentes victimes, mais qui ne saurait nous être imputé à crime et d'ailleurs le patron (Goron) arrangera cela.

— Croyez-vous le « patron » assez fou pour vous couvrir dans une équipée de ce genre ? Le moment serait bien choisi...

Je faisais allusion à la campagne de presse qui se déchaînait, à ce moment, contre les « brutalités policières » à propos de je ne sais plus quelle échauffourée boulangiste. Il s'y greffait une histoire d'arrestation arbitraire du service des mœurs, sans compter les récriminations contre le service de sûreté, impuissant à se saisir de Ravachol. Toute la lyre, quoi !... Une rafale à engloutir les bâtiments les plus solides.

Je riais sous cape en constatant que mes

observations avaient porté. Jaume perdait le sourire.

— Et puis, ajoutai-je, prenant un malin plaisir à le démonter, le pire pour vous, dans la circonstance, c'est ce ridicule pas de clerc. L'indicateur vous a monté un bateau. Vous vous y êtes embarqué·franc jeu. Qu'on parle après cela de votre flair et de votre perspicacité! C'est la gaffe, cher monsieur, la gaffe irréparable. Il n'en faut pas davantage pour perdre son homme et démolir une réputation.

Jaume n'était pas une bête. Il avait deviné ce que j'étais venu faire là et que ce n'était pas à moi, victime de la même crédulité, à lui en faire reproche. Je lus sa riposte dans ses yeux et me hâtai de la prévenir :

— Non seulement vous avez donné dans le panneau que vous tendait un *indicateur* mariolle, mais vous avez mis obstacle à ma mission qui était de constater un décès.

Ses grosses lèvres se mirent à bâiller d'étonnement. Toute sa personne se muait en un point d'interrogation.

— Certainement, repris-je, il y a là-haut un cadavre.

Et profitant de son désarroi, je risquai aigrement, sûr qu'il avait d'autres préoccupations que celles de se formaliser d'un manque de courtoisie :

— Que vos agents, munis de lanternes, se montrent au moins utiles à quelque chose, en m’aidant à l’identifier. Il ne put que répondre :

— Mes hommes sont à votre disposition!

La violence du rapt avait éteint mes primitives frayeurs et m’en avait démontré l’inanité. Je remontai d’autant plus volontiers dans la soupente que je voyais là une occasion (ô perversité humaine!) de me venger de nos agresseurs. Je les forçai (*horresco referens*) à manipuler ces chairs à demi dévorées, dont le seul aspect soulevait le cœur. Le visage n’était plus qu’une plaie sanguinolente, un trou béant, où grimaçait un dentier féroce et d’où sortaient deux yeux glauques hallucinants. Pourtant la putréfaction des chairs n’était pas commencée, attestant une mort assez récente. Aucune trace de désordre aux alentours. C’étaient les vêtements du mort qui reposaient sur la chaise ; un gros cache-nez violet, cause de la méprise et qui prouvait qu’il n’avait rien à voir avec l’autre rencontré rue de la Chapelle, un veston contenant, dans l’une des poches, un livret militaire et des papiers d’état-civil ; un pantalon nanti d’un porte-monnaie et d’une somme insignifiante. Toute idée de crime devait être écartée. Les papiers nous révélaient que l’homme, âgé de cinquante ans, était palefrenier. Nous sûmes depuis qu’il s’agissait d’un poivrot invétéré, que son inconduite avait fait chasser de partout et qui, tombé dans une misère noire, avait élu domicile dans ce taudis abandonné, où il était mort, probablement de congestion, à la suite d'une dernière bordée. Depuis quelque temps, d'ailleurs, au dire de témoins retrouvés, sa santé altérée faisait prévoir un dénouement fatal.

Laissant les agents s'écœurer à leur besogne, je redescendis, heureux de pouvoir me décharger sur eux des dernières formalités et du soin de transporter le cadavre et ses hardes au poste du quartier.

Jaume, avec une politesse affectée, avait ouvert la portière d'un fiacre :

— Où faut-il conduire ces messieurs ?

J'avais envie de répondre : « Au bain! », car il me semblait que j'emportais des lambeaux de charogne à mes vêtements et que j'étais imprégné de l'odeur du choléra. Mais les établissements de bains étaient fermés à cette heure et c'eût été amorcer la plaisanterie. Or, je m'étais juré de garder vis-à-vis de lui, un air glacial, en guise de représailles. Je répondis donc négligemment : « Où vous voudrez! » lui laissant entendre que nous nous hâterions de descendre, sitôt parvenus dans un endroit éclairé et vivant, le laissant continuer la route à sa guise. Il jeta au cocher une adresse qu'il nous importait peu d'entendre, encore moins de discuter, et nous nous engouffrâmes dans le cabriolet, si étroit, que nous y formions à quatre, un enchevêtrement inextricable. Jaume en riait, mais nous affections une impassibilité hautaine et dédaigneuse. J'avais, dans l'intervalle, à la dérobée, soufflé leur rôle à mes deux amis, réjouis au fond d'avoir vécu les péripéties d'un roman-feuilleton. Je voulais que Jaume emportât d'eux, de leur réserve agressive, l'impression qu'il s'était mis « une sale affaire sur les bras », mais ce diable d'homme était si rusé et sut si bien nous manœuvrer, qu'une demi-heure plus tard, installés dans une brasserie du boulevard, chaude, illuminée et fleurie, au milieu d'une foule élégante, sortie des théâtres voisins, nous étions amis comme larrons.

Jaume avait commandé une avalanche de choucroute qui fumait, onctueuse, garnie de jambon rose et de saucisses dorées et qu'en tout autre cas, j'aurais qualifiée « d'appétissante » ; mais nous avions le cœur encore trop soulevé de dégoût pour y prendre plaisir. Ce n'est pas l'envie de nous restaurer qui nous talonnait. On dit que les émotions creusent, mais pas du genre de celles que nous venions d'éprouver. Nous ne nous étions mis à table, mes amis et moi, qu'après une longue station au *lavabo* et un décrassage effréné. Nous y avions usé ce qui restait de savon et de serviettes disponibles dans l'établissement et jusqu'à la provision d'eau de Portugal d'un vaporisateur automatique. Tout ce que nous pûmes trouver sur nous de pièces de dix centimes s'y était engouffré pour nous valoir, en retour, autant d'aspersions parfumées ; ça ne suffisait pas encore à nous remettre le cœur en place. Nous chipotions les aliments, mais si l'on ne mange pas sans faim, on boit fort bien sans soif. Jaume, en vue de nous conquérir, nous comblait de prévenances. Depuis longtemps déjà, son bagoût réjouissant nous avait désarmés et inclinés à la sympathie. Au moment du café, nous en étions venus au tutoiement que nous avons gardé depuis. Je ne sais pas nourrir de longues rancunes ; et puis, au fond, je ne pouvais que m'en prendre à moi-même de mon infortune et d'y avoir exposé mes amis, encore qu'ils n'y aient rien perdu de leur bonne humeur. Comment aurais-je pu tenir rigueur aux agents du service de sûreté, résolus à affronter de redoutables forbans, au péril de leur vie, d'en avoir usé, avec nous, sans ménagement. Je leur savais gré au contraire de n'avoir pas perdu tout sang-froid et d'avoir préféré la ruse à l'emploi des armes. Les circonstances plaidaient en leur faveur. Sur le lieu même de l'enlèvement, il m'était revenu en mémoire une aventure de Turenne, bien faite pour m'amener à composition et achever de m'humaniser.

Certain matin d'été, le maréchal de Turenne, traversant, au saut du lit, le couloir de sa demeure, s'était appuyé au rebord de la fenêtre, pour contempler le paysage, sans se soucier du geste qui mettait derrière lui les avantages de sa plastique en relief. Un valet survenu, avisant cette rotondité épanouie, à l'horizon, s'émerveilla de son ampleur et ne put s'empêcher d'y appliquer, au meilleur endroit, en signe de satisfaction, deux claques vigoureuses. Le front brusquement retourné du maréchal l'avertit de son étourderie. Le valet s'écroula en excuses, jurant qu'il avait cru « reconnaître » un camarade.

— Hé! triple brute, se contenta de répondre Turenne, était-ce une raison pour taper si fort? » Puis il rentra tranquillement dans sa chambre.

Il me sembla que je n'avais pas lieu de me montrer plus intraitable qu'un maréchal de France et c'est de sa réflexion que je m'étais inspiré, avant mon départ, pour répondre aux excuses des braves gens qui, croyant reconnaître en nous des bandits, nous avaient malmenés en conséquence.

XIII

LA MACHINE A BOSSELER

Ce n'était d'ailleurs pas la première fois qu'il m'arrivait d'éprouver le poing solide de l'autorité. Ce ne devait pas être la dernière.

J'avais en 1886, lors de la retraite aux flambeaux, organisée pour les fêtes du Centenaire du chimiste Chevreul, pu admirer, à mon dommage, la vigoureuse façon d'opérer des brigades centrales ouvrant la marche du cortège et leur intrépidité triomphale à lui déblayer les voies. Je venais d'être nommé secrétaire suppléant au quartier de la Porte Saint-Martin et, suivant la consigne reçue, je me tenais en sentinelle, sur les boulevards, aux abords de la place de la République. J'eus le tort de quitter mon groupe pour m'aventurer sur la chaussée, où mêlé à un flot de curieux, j'admirais de loin le reflet dansant des torches et des flammes de Bengale. En un clin d'œil, je me sentis soulevé de terre par un ouragan furieux de talons de bottes et de poings fermés, qui m'envoya rebondir, avec tout ce qui m'entourait, sur le trottoir riverain. C'était mon baptême du feu qui devait recevoir tant de confirmations depuis.

Sur la fin de ma carrière, il m'arriva, le dimanche 2 septembre 1914, alors que je débouchais tranquillement sur la place de la Bastille, d'être pris dans les remous d'une charge à fond de train de la police municipale, exécutée avec une maestria indiscutable, contre un rassemblement provoqué par l'apparition des journaux du soir que la foule, avide de nouvelles, s'arrachait. C'était au moment où les Boches s'étaient avancés jusque sous les murs de Compiègne. Le public était fiévreux et les agents surmenés. Leurs bras immobilisés par d'énervantes permanences avaient besoin de se détendre, j'en fis la solide expérience. Il me fut permis de sentir ce que « poise » entr'autres, comme dirait Villon, le poing de cet excellent agent B... du IV\e arrondissement et d'éprouver combien son éloquence, nourrie loin des bosquets académiques, fleurait peu le miel de l'Hymette. J'encaissai pieusement ses horions et ses injures pour les déposer en holocauste sur l'autel de la Patrie, car il ne m'échappait pas que les violences de sa brigade étaient destinées à briser les parlotes alarmantes et à soutenir le moral d'une population prête à l'affaissement. Qu'il ait pu me confondre avec un artisan de l'espionnage allemand ou tel orateur défaitiste, qui n'avait pas attendu sa venue pour s'éclipser, cela ne plaide guère en faveur de son flair, mais son mépris de l'écharpe que je lui tendais et qu'il s'obstinait à considérer du haut de son képi, aussi dédaigneusement qu'un prêteur sur gages eût fait, aux mains d'un emprunteur, d'un nantissement de pacotille, prouve, du moins, qu'à défaut du sentiment de la hiérarchie et de la discipline, il avait, enracinés en lui, l'orgueil de sa fonction et la méfiance innée du détective malin à qui « on ne le fait pas ». Il nous fallut aller, pour dénouer cet imbroglio, jusqu'au commissariat voisin de l'Arsenal où je m'estimai assez payé de ses rudesses par le spectacle de sa confusion. Ce sont là petites adversités dont un policier aurait aussi mauvaise grâce à se plaindre qu'un soldat d'une estafilade reçue au feu. On ne fait pas d'omelettes sans casser des œufs.

Ce n'est pas que j'approuve les violences inutiles et si je ne m'en affligeais pas pour moi, je m'en alarmais pour les autres. La « machine à bosseler » du père Ubu m'a toujours paru opérer à contre sens.

J'assistai, un soir, en curieux, dans un préau d'école, à une réunion électorale où les têtes s'échauffaient. L'officier de paix de service, qui exerçait, en civil, sur les groupes, une surveillance occulte, tandis que ses hommes étaient dissimulés dans un local voisin, me confiait ses craintes et s'avouait décidé à tout chambarder : « Il n'y a d'efficace, me dit-il, en pareille circonstance, que l'intervention du sabre. »

— Peut-être, répondis-je, qu'un mot d'esprit suffirait.

Il crut que je me moquais de lui. Un énergumène venait d'escalader la tribune, résolu à mettre les pieds dans le plat pour envenimer une discussion assez orageuse et s'écriait «Citoyens! je vous apporte la lumière!» Aussitôt l'électricité s'éteignit. Inadvertance ou malice d'un assistant placé près du commutateur. Ce fut un éclat de rire général. La lumière revint, mais l'assistance amusée n'était plus en état de se courroucer. L'orateur ne put achever sa diatribe. Des *lazzi*, applaudis de ses partisans eux-mêmes, fusaient de tous côtés et brisaient ses appels à la violence. La réunion, après avoir menacé de tourner au drame, s'achevait en vaudeville.

— Vous voyez, dis-je, à l'officier de paix rassuré, quelqu'un est venu à votre secours. Il n'a fallu qu'une goutte d'huile pour mater la tempête.

XIV

DE L'ÉTABLISSEMENT MILENT ET DES CURIEUSES FIGURES QUE L'ON Y RENCONTRAIT

Il ne m'était pas toujours possible de recevoir mes amis au bureau, soit aux heures d'affluence du public, soit lorsqu'une besogne urgente me requérait. Je leur donnais alors consigne de m'attendre chez Milent où j'allais les rejoindre à la sortie. L'établissement Milent était ce modeste comptoir, ouvrant rue de la Chapelle, où vidaient chopine, mêlés aux rouliers du *gros camionnage*, les cochers de fiacre de la station voisine, mais où le patron ami nous avait ménagé une salle à notre usage. Encore, une salle, est-ce beaucoup dire, car l'établissement se composait d'une salle unique, qu'une basse cloison, jouant l'office de paravent, divisait. C'est à l'abri de cette cloison que se poursuivaient nos entretiens. Le débit manquait de confort et de relief mais il communiquait, par une porte dérobée, avec la cour du commissariat, commodité qui me l'avait fait choisir. Aussi bien, l'endroit pouvait se prévaloir d'un vague relent littéraire, puisque mon prédécesseur, Oscar Méténier y avait fréquenté pour les mêmes raisons, et en avait appris depuis longtemps le chemin au monde des petites revues. Ses amis avaient fait place aux miens, d'ailleurs en petit nombre, car décidé à vivre à l'écart, je n'attirais personne et me bornais à faire bon visage à ceux de mes anciens compagnons .qui poussaient l'abnégation jusqu'à venir, en dépit de la distance, me dénicher au fond de mon exil.

Mes plus fidèles commensaux étaient du Plessys et Cazals, qui n'avaient guère, alors, d'autre occupation que de flâner de compagnie dans les parages ; puis Léon Deschamps, le directeur de la *Plume*, cordial et rieur, Jules Renard, au sourire pincé, mon condisciple au lycée Charlemagne, et mon vieux camarade de régiment, le plus affable des compagnons, Charles Darantière, épris des choses du théâtre et qui, en attendant de s'ouvrir les scènes du boulevard et de se faire jouer par Réjane, fournissait de petits vaudevilles les scènes de quartiers. Je citerai encore Léon Riotor, instruit des secrets de Montmartre, qui contait sans se dérider, avec son flegme de Lyonnais, les histoires les plus désopilantes, et cet extraordinaire Edouard Dubus, poète et mystagogue, qui me venait, chaque fois, flanqué d'un nouveau phénomène, racolé au cours de ses expéditions nocturnes, dans les milieux les plus divers et jusque dans les bas-fonds de la bohème. Tantôt, c'était un prince déchu, devenu pilier de tripot, maître en l'art de faire sauter la coupe, auteur d'une martingale infaillible pour gagner à coup sûr, et qui, nourri dans les cours européennes, nous en révélait les secrets ; tantôt, un chef de peuplade nègre détrôné, tombé au métier de masseur ; un fakir hindou ; un sorcier cafre ; un apôtre nihiliste ; un aventurier, découvreur de terres vierges, tanné par les embruns marins, échappé du bûcher ou du poteau d'exécution, le corps couvert de cicatrices et de tatouages ; un prêtre défroqué devenu pape d'une religion nouvelle et qui officiait pour ses fidèles, dans une arrière-boutique de bistrot, une salle de bal-musette, en haut de Montmartre, au pied du Sacré-Cœur en construction ; des rêveurs, des utopistes, des illuminés, des métaphysiciens en chambre, des linguistes, des syriaques et des hébraïsants à qui nos maîtres du Collège de France n'inspiraient que pitié ; des poètes inédits appelés à renouveler le lyrisme ; des sociologues en appétit de reconstruire le monde ; et tantôt, moins encore, un chasseur de rats qui les attrapait à la course en leur cassant les reins d'un coup de dent ; un charmeur d'oiseaux ; un dompteur de serpents ; un mangeur de feu ; un illusionniste chinois qui nous montraient leur savoir-faire, *coram populo*, à la plus grande joie des habitués du lieu. C'est ainsi qu'il me présenta un jour en qualité d'alchimiste et de nécromant, le docteur Rémy Giroud, qui, à l'entendre, opérait des miracles. Il faut bien convenir qu'il n'existait pas d'être plus stupéfiant que cet émule de Cagliostro, qui lisait dans la pensée des gens et vous tirait un horoscope en cinq sec, en se déterminant sur les protubérances frontales et la nuance de la pupille. Et cela, sans solennité, sans effet de voix, sans geste théâtral, sans mise en scène impressionnante, du ton le plus simple et le plus naturel du monde. C'est sans avoir l'air d'y toucher qu'il auscultait ses patients. J'avais déjà vu le docteur Antoine Cros, le frère du poète, tirer le diagnostic d'un mal caché, par une simple apposition des mains sur l'endroit douloureux. Le docteur Giroud repoussait jusqu'à l'aide de ses mains. Il y réussissait par état de grâce, un don singulier de double vue. On lui devait, paraît-il, des cures merveilleuses, mais plus préoccupé de croître en savoir qu'en clientèle, toujours enfermé dans ses livres, il n'en tirait guère profit d'argent. Il avait quelque peine à joindre les deux bouts et n'y serait jamais parvenu, si Dubus, ancien secrétaire du prince Napoléon, et de diverses notabilités politiques, si Dubus, pour l'heure employé en la même qualité chez un conseiller municipal influent, ne lui avait obtenu d'être agréé comme médecin de l'assistance publique. Je lui procurai, de mon côté, quelques expertises médicales dont il s'acquittait à son honneur et j'eus même, un jour, qu'il se trouvait dans mon cabinet par rencontre, la curiosité d'éprouver sa remarquable vertu de pénétration. Une femme de ménage était accusée par sa maîtresse d'un vol de bijoux, d'ailleurs sans preuves et par ce seul fait qu'elle seule d'étrangère avait pénétré dans l'appartement. Elle niait de toutes ses forces. Je la mis en présence du docteur. Il la considéra un moment et revint me glisser à l'oreille. « Cette femme n'est pas coupable ! ». Effectivement, les bijoux furent retrouvés peu après. C'était le mari de la plaignante qui, parti, le matin, à son bureau, durant qu'elle dormait encore, et les trouvant étalés sur un meuble à portée de toute main, les avait, à son insu, rangés avec précaution dans un tiroir secret.

Le Dr Giroud logeait dans le quartier de la Goutte d'Or. Je fus une fois chez lui pour le prier de m'assister, en l'absence de notre médecin légiste ordinaire, dans un constat de suicide. Il me reçut dans une pièce, tendue de noir, vide, garnie de seuls divans bas, où se respirait une atmosphère étrange. Cela tenait du *studio* spirite et de la fumerie d'opium. Je n'osai l'interroger à ce sujet, mais tout y restait imprégné d'une sorte de magnétisme inquiétant. Et tandis que ce diable d'homme, jeune encore, au visage frais, aux yeux aigus, mais au geste las, écroulé sur une pile de coussins, me parlait de ses recherches métaphysiques et des fantômes qu'il évoquait, avec une voix blanche qui semblait venir de l'autre monde, je me sentais à mesure envahi d'un malaise comme si se resserrait sur moi une menace d'envoûtement. Et pour la secouer, jouant l'esprit fort, je m'écriai, au risque d'être discourtois :

— Allons donc !... vous n'espérez pas me faire avaler ces blagues... Des hallucinations tout au plus... Les morts sont bien morts et si le sentiment survit à la tombe, ce dont il est permis de douter, ils ont bien autre chose à faire que de répondre à l'appel des vivants.

Et m'irritant de surprendre sur ses lèvres un sourire ironique, je me levai, criant comme un fou :

— Nous ne saurons jamais rien des secrets de l'au-delà !... non, jamais, jamais !...

Et je gesticulais en parlant, étonné moi-même de ma nervosité.

— Prenez garde ! fit le docteur, dressé d'un bond, tout pâle, et retenant mon bras comme si j'allais renverser par mégarde un objet précieux ou blesser quelqu'un debout à mes côtés.

Pourtant rien de visible n'était exposé à mes coups et comme je m'inquiétais de sa précaution, il tourna bride en disant :

— Mais, au fait ! excusez-moi... je vous fais perdre du temps. Ne m'aviez-vous pas parlé d'un constat ?... Je suis à votre disposition.

— Allons ! fis-je, heureux de m'évader de ce logis hanté.

Dehors, le docteur redevint un homme semblable aux autres, discourant de tout et de rien, avec une agilité d'esprit qui dissipait mes craintes et me prouvait qu'il n'avait pas laissé toute sa raison au fond de ses cornues.

Il s'agissait de constater le décès d'un pauvre diable qui vivait seul en garni et qui s'était pendu, de misère, disait-on, au pied de son lit. Par respect pour le mort, le logeur nous le représentait comme un ouvrier sobre et rangé.

— N'en croyez rien, me dit le Dr Giroud, c'était un ivrogne invétéré à ce point qu'il souffrait d'une dégénérescence graisseuse du foie.

Et le logeur finit par convenir que le trépassé rentrait souvent « ému » plus que de raison.

— Ce n'est pas par misère, reprit le praticien, que cet homme s'est détruit, c'est au cours d'une crise de neurasthénie et sous l'influence d'une impulsion héréditaire.

Le logeur se décida alors à déclarer : « Je me souviens, en effet, qu'il m'a dit un jour : « J'ai peur de mourir comme mon père ». Probable que son père s'était suicidé, mais vous savez ?... les propos des poivrots... on n'y attache guère d'importance ».

Ainsi la science du Dr Giroud encore ici triomphait, et comme je m'en étonnais :

— Nos maladies internes et nos réflexes, me dit-il, s'inscrivent sur nos traits. La dégénérescence graisseuse du foie se lit dans la boursoufflure des chairs et l'hérédité du suicide dans la structure de l'oreille. C'est un signe plus sûr que celui des chiromanciens. La jonction des trois lignes principales en un point de la main gauche ne marque qu'une fatalité de mort violente, ça peut être la mort du champ de bataille.

Le Dr Giroud aimait son art. Il fallait l'entendre médire de la Faculté et se plaindre des pratiques défectueuses de la médecine courante.

— La seule médecine efficace, disait-il, est *l'organothérapie*, et je n'en emploierais jamais d'autre si j'avais un laboratoire modèle à ma disposition. Nos médecins s'illusionnent qui croient guérir avec des jus d'herbe ou des potions minérales. Les plus habiles n'arrivent qu'à déplacer l'infection et s'ils soulagent un organe, c'est au détriment du voisin. Il y a deux sortes de maladies : les maladies aiguës qui suivent leur cours en dépit de tous les remèdes et se dénouent le plus souvent d'elles-mêmes et les maladies chroniques auxquelles le médecin ne peut apporter que des palliatifs. Le seul moyen de guérir un organe malade, c'est de le recréer, comme l'a démontré Brown-Sequard. J'ai obtenu la guérison de cas désespérés, de véritables métamorphoses du corps humain, avec des inoculations de sucs tirés des glandes animales. C'est de ce côté que j'oriente mes recherches, et peut-être arriverai-je un jour à supprimer la vieillesse et à prolonger indéfiniment la vie humaine.

— Oh ! fis-je, nous ne vous serions peut-être pas très reconnaissants du cadeau. Souvenez-vous de Tithon, l'époux de l'Aurore, pour qui elle avait obtenu l'immortalité et qui finit par tomber en une telle décrépitude avec les années, qu'il sollicita comme une grâce d'être changé en cigale.

— Mais l'Aurore avait oublié de demander pour son mari l'éternelle jeunesse que mon élixir apporterait.

— Cet élixir nous apporterait-il le bonheur ?

— Celui que donne la plénitude de vie et un corps sain où les vices ne peuvent mordre, les vices n'étant que la conséquence de nos tares physiques.

Et jusque dans les discussions littéraires il découvrait une érudition immense et des vues originales.

Il avait dressé un tableau de la littérature, partagé en six âges principaux :

L'âge de l'eau, du vin, du café, du tabac, de l'absinthe, de l'opium.

— L'histoire littéraire, disait-il, comme l'autre, évolue au gré des événements. Les Croisades en modifiant l'esprit de nos aïeux au contact de l'Orient, devaient entraîner la perte des mœurs féodales. L'invention de l'imprimerie, en divulguant les chefs-d'œuvre de l'antiquité jointe à la découverte de l'Amérique, qui ouvrait des horizons, fut le signal de la Renais-

sance, qui déclancha la réforme et, par contre-
coup, la révolution française. Car il n'y avait
pas de raison pour que l'esprit d'examen qui
s'était introduit en manière esthétique et reli-
gieuse, s'abstint d'aborder le problème politique. Ainsi tout s'enchaîne selon les lois d'une
logique impérieuse. Je ne sais s'il nous reste
rien de la littérature des buveurs d'eau, mais
on sent bien qu'elle devait être pâle à côté de
celle qui jaillit de l'inspiration dyonisiaque. Au
xviie siècle, quand apparaissent le tabac et le
café, une littérature nouvelle surgit, plus
tonique et dont le germe cordial va se dévelop-
pant au siècle suivant pour atteindre ses pleins
effets chez Voltaire et Diderot. C'est la littérature d'esprit. On n'en est encore qu'à la taba-
tière, mais avec la pipe et l'absinthe, le lyrisme
va faire explosion. L'alcool nous donne Musset,
et l'opium Baudelaire. C'est à la littérature
d'opium que nous allons, une littérature de
fièvre et de cerveaux hallucinés.

Et parce que le Dr Giroud aimait les vers,
je lui dédiai le sonnet liminaire des *Cornes du
Faune*.

On rencontrait encore chez Milent le jeune
poète Marius André, frais débarqué de Valence,
pour conquérir Paris et qui nous confiait avec
son assurance méridionale : « Dans six mois, je
veux être aussi célèbre que Joséphin Péladan ! ».
Ce nouveau candidat à la gloire avait découvert
le *Décadent* au temps où il achevait ses huma-

nités en province, et y avait pris la révélation de son destin. Le journal de Baju, grâce à lui, était devenu la Bible des potaches du cru. Tout le collège, paraît-il, avait pris feu au contact de nos théories incendiaires. On nous applaudissait de bousculer la routine et les docteurs, de tomber à bras raccourcis, sur la littérature officielle, l'Académie et l'Université. Et comme je m'y montrais l'un des plus acharnés (ô jeunesse !) je m'étais acquis la faveur de tous ces adolescents captifs, pressés de se libérer du joug des formules et de la férule des maîtres. J'avais, là-bas, ma légende, une légende d'avaleur de cuistres et de casseur d'assiettes. Je n'en savais rien. J'appris cela, sans trop m'en enorgueillir de la bouche de Marius André. Je savais seulement que les rhétoriciens de Valence avaient fondé une revue dont ils lui avaient confié la direction et qu'ils avaient voulu, en mon honneur, intituler le *Faune*, sans doute en souvenir des *Cornes du Faune*, et peut-être, parce qu'ils s'étaient mépris sur le sens de ce livre où j'entendais dénoncer la férocité de l'instinct et nullement le glorifier. N'empêche qu'ils avaient interprété mes vers, selon la liberté et la chaleur de leur fantaisie, comme un geste d'émancipation. C'est pourquoi Marius André était venu à moi comme au Messie d'une religion nouvelle, disposant dans la presse et dans l'opinion d'un large crédit dont il espérait, par contre-coup, bénéficier. N'avait-il pas eu la candeur de commencer sa relation de voyage, dans la gazette régionale, par cette phrase inattendue : *Ma première visite à Paris fut pour Ernest Raynaud*, appelée, selon lui, à faire sensation chez ses anciens condisciples ? Il lui semblait qu'il y eut là de quoi les éblouir. Il les entendait s'exclamer, à l'heure de l'apéritif, dans les cafés de la ville, avec une pointe de jalousie :

— Ce Marius André, tout de même !... Quelle chance il a le gaillard... eh !... Il a pu contempler le « Prodige »... pas *moinss*.

Marius André dut bientôt se rendre compte que le « Prodige » correspondait peu à sa légende de Faune, gorgé de proies, érigeant cyniquement au soleil, comme dit le poète, sa fière turpitude. Ma qualité de secrétaire de police, qu'il ignorait, avait suffi à ses yeux pour me découronner de tout prestige et me faire déchoir de mon apothéose païenne. Ce ne devait pas être sa seule désillusion. Il eut beau se remuer en diable et frapper à toutes les portes, il ne put décrocher la célébrité de Joséphin Péladan sur lequel il s'était rabattu en désespoir de cause. Il abandonna les lettres pour la politique où il ne réussit pas davantage. Il sut du moins finir en sage. Il mourut chef de bureau dans l'administration du P.-.L.-M. C'était une généreuse nature, loyale, sympathique, à qui j'aurais mauvaise grâce de reprocher ses emballements irréfléchis, puisqu'il m'en avait fait si généreusement l'offrande d'une part.

Il n'est pas jusqu'à Laurent Tailhade qui ne vint faire un tour, parfois, chez Milent. Tailhade logeait alors chez Foyot. Il affectait des allures de dandy. Il jouait au Brummel, et composait les ballades de son *Pays du Mufle* qu'il nous récitait, à haute voix, à l'ahurissement des consommateurs présents. Il ne tarissait pas de mots à l'emporte-pièce.

Comme je m'excusais de le recevoir dans un local si dénué « d'apparence ».

— Peste ! mon cher, fit-il, vous le calomniez. J'en connais peu qui se confessent si brutalement à première vue. Je lui voudrais une apparence plus discrète, au contraire, et qui permît aux gens de se méprendre.

Un client de passage se plaignait un jour d'un musicien ambulant dont le bruit, disait-il, « lui coupait les oreilles ». Tailhade remarquant qu'il les avait fort longues, s'exclama : « Voyez un peu ce Midas qui refuse de se réjouir d'une opération nécessaire ! »

Une commère sur le retour, au visage ridé de pomme cuite, mais n'en affichant pas moins un souci de coquetterie, se désolait en public de la jalousie de son mari. « Ça l'ennuie, expliquait-elle, d'entendre dire que je suis jolie. »

— C'est peut-être, risqua Tailhade, qu'il a horreur du mensonge.

Ces façons lui valaient des répliques cinglantes et l'accréditaient peu dans la sympathie des gens. D'ailleurs, Tailhade ne fit que passer chez Milent. Il goûtait peu ce lieu qu'il qualifiait de « bitumeux » et préférait nous rencontrer ailleurs. Aussi bien la politique allait bientôt nous le confisquer.

Il sera remplacé par une autre vedette. Chez Milent paraîtra désormais Moréas, et son escorte de fidèles : Raymond de la Tailhède, Hugues Rebell, Frédéric Corbier, Dubreuilh. On y verra même Lionel des Rieux, justement fier de son blason, avec sa distinction altière de gentilhomme, lever majestueusement son verre en l'honneur des Muses, et y déclamer des vers inspirés, tandis que de la salle commune se percevra l'écho des conversations avinées entre meneurs de viandes et garçons d'abattoir.

Et c'est chez Milent que fut, une après-midi de dimanche, rédigé le statut de l'*Ecole romane*.

XV

EN PLEINE FANGE

Encore mal dépêtré de la formule symbolo-décadente, j'allais faire ce soir-là un pas décisif vers l'affranchissement dans une circonstance que les événements de la journée n'étaient guère de nature à me faire présager. Ce n'est pas l'idéal qui m'avait obsédé ni les préoccupations d'esthétique. Jamais il ne m'avait été donné de patauger si avant dans la boue des réalités. Une tentative d'assassinat m'en avait fourni l'occasion. Une femme avait été ramassée, au petit jour, devant l'immeuble du commissariat, évanouie dans son sang, le dos transpercé d'un couteau à cran d'arrêt. Les agents avaient reconnu Sarah, la doyenne des péripatéticiennes du quartier. On l'avait transportée à l'hôpital Lariboisière. Elle n'en devait pas mourir, mais elle fut longue à reprendre connaissance et son état ne permettait pas d'en tirer le moindre renseignement. Je n'en avais pas besoin d'ailleurs. Le crime criait son auteur. Tout me désignait le nommé Mathias, dit *Zizi*, dit la *Teigne*, souteneur de profession.

Je le savais animé d'une hostilité violente

contre la fille. Elle-même, émue de ses menaces, était venue s'en plaindre à moi, l'avant-veille. Le motif de leur discussion m'avait édifié sur un point dont je doutais encore, à savoir que la prostitution possédait une organisation complète ; qu'elle avait ses traditions, ses coutumes respectées, son code, ses magistrats. D'un consentement tacite et remontant bien loin, paraît-il, dans la nuit des temps, ces dames se voyaient attribuer une section des boulevards qui devenait leur domaine et où il leur était permis d'exercer leur industrie à l'exclusion de toute autre. Malheur à celle qui s'aventurait sur le terrain d'autrui ! Une sanction sévère, prise en délibération commune, avait vite fait de la mettre à la raison et de lui ôter toute velléité de récidive. Chacune avait ainsi son lotissement, son fonds de commerce à exploiter au mieux des intérêts communs. L'endroit était plus ou moins achalandé. Les pires étaient concédés aux nouvelles recrues, au fur et à mesure qu'une vacance se produisait, et les meilleures acquises au mérite ou au bénéfice de l'âge. C'est ainsi que Sarah, après avoir franchi toutes les étapes, se trouvait en possession du territoire le plus convoité de la région, le plus fructueux parce que le plus passager. Elle disposait de la partie du terre-plein du boulevard qui contourne la place de la Chapelle, là où se dégorge l'afflux populeux du faubourg Saint-Denis. Ses titres étaient incontestables et ses droits consacrés.

Mais que de jalousies excitées autour d'elle et de convoitises en éveil ! Elle avait, pour voisine de section, la nommée Mignon, dite *Banban*, à cause de sa démarche claudicante, et dont le souteneur venait d'être relégué. Là aussi, la promotion joue d'office. Le souteneur en titre avait été remplacé par un aspirant barbillon, de dix-huit ans à peine, précisément ce Mathias qui pour se faire valoir aux yeux de sa belle, avait décidé de signaler son entrée dans la carrière par un coup de maître. Et, tout de suite, contrairement aux usages, avec la folle témérité du jeune âge, encouragé par ce fait que Sarah n'avait pas « d'homme » et qu'il ne risquait rien de ce côté, il résolut de l'évincer de son territoire pour en gratifier la *Banban* et y établir son gouvernement. A la vérité, il essaya d'abord de la persuasion, usa de vagues promesses, parla de bons offices, même d'une indemnité pécuniaire à lui octroyer en échange, mais comme la fille résistait, sourde à ses avances, il n'hésita pas à recourir à l'intimidation et aux menaces et c'est pourquoi Sarah était venue solliciter ma protection. Je la vois encore en tablier bleu, en bonnet à coques, propre, lustrée, rougeaude, l'air d'une cuisinière de bonne maison endimanchée, m'exposer son cas avec une lucidité parfaite et une conviction de paysanne madrée et têtue.

Il va de soi que je ne pouvais lui accorder protection dans le sens qu'elle sollicitait. J'essayai de lui faire comprendre que si j'étais disposé à veiller sur sa sécurité, je ne pouvais reconnaître légalement un droit de racolage, interdit par les règlements et que ce n'était pas à moi à lui en faciliter l'exercice. Elle continuait à ergoter, férue de ce qu'elle appelait le droit, l'usage, la situation acquise. Et, tout à coup, elle s'emporta :

— Alors ! vous soutenez le vice !

Et profitant de la surprise muette où m'avait jeté cette exclamation, elle se mit à plaider sa cause avec l'animation d'un vétéran d'armée, blanchi sous le harnais, victime d'une injustice, faisant valoir, aux yeux de ses chefs oublieux, ses états de service et brandissant en trophée ses blessures et ses chevrons.

— Vous n'étiez pas né, disait-elle, que ma réputation était déjà faite à la Chapelle. Nouveau venu, vous n'avez pas eu le temps de m'apprécier. Renseignez-vous auprès de messieurs les agents. Ils vous diront qui je suis. Voilà plus de trente ans que « j'exerce » dans ce quartier où je me suis recruté, de pères en fils, une clientèle fidèle. Jamais de pétard, jamais d'esclandre ! Et faisant claquer l'ongle sur la dent : Pas ça à me reprocher ! Ah ! je puis marcher le front haut ! On m'en veut encore parce que ma place est bonne, mais je l'ai gagnée à la sueur de mon front. Ce n'est pas un bleu qui viendra me la prendre ou alors il n'y aurait plus de justice sur terre, plus de légalité, plus rien. On pense que je me laisserai faire parce que je suis seule, mais je n'ai pas les moyens « d'engraisser » un « homme ». C'est assez d'avoir mes vieux à ma charge et ma sœur impotente et son mari tuberculeux et j'ai élevé trois gosses. Pensez ce qu'il m'a fallu et ce qu'il me faut encore turbiner pour entretenir tout ce monde-là ! Deux de mes fils travaillent dans une usine, mais ils rappliquent à la maison les jours de chômage et me retombent sur les bras. Le troisième est au régiment. Faut bien lui envoyer des douceurs, de temps en temps. Tout le monde me le dit. « Pour ça, mame Sarah, y en a pas deux comme vous sous la calotte des cieux ! » Elle se tut un moment puis soupira, comme humiliée de sa démarche : « Ah ! si Mimile était là ! »

Cette invocation à Mimile m'intriguait. J'en eus bientôt l'explication. Mimile était la cheville ouvrière de l'organisation régionale, le recours des opprimés. Il figurait sur mes fiches comme l'une des « terreurs » du quartier. J'avais eu l'occasion de l'entrevoir en maintes circonstances. C'était une sorte de colosse blond, massif, avec, sur un cou de taureau, une figure rose de bébé réjoui ; une vraie peste sous une apparence bon enfant. Soigneux dans sa mise, les cheveux pommadés, l'annulaire chargé de bagues, il semblait un paisible employé de commerce. Il en avait le geste persuasif et la parole insinuante. Il s'était imposé à ses congénères par son astuce débrouillarde et, plus

encore, par sa musculature solide et la force de
ses poings. J'appris ainsi qu'il exerçait sur eux
une véritable magistrature. Il en était le roi, le
chef incontesté. C'est sur lui que reposaient
l'ordre et le salut de la tribu. D'autant plus féru
d'autorité qu'il n'avait pas à en souffrir, sa situation lui valant, pour lui et ses protégées, un
régime de faveur, il tenait la main à ce que les
traditions fussent observées. Il avait établi une
discipline de fer. C'est lui qui disposait des
places au fur et à mesure de leurs vacances et
qui vérifiait les titres à l'avancement. Chaque
soir, dès que s'allumaient les réverbères, il
quittait son habituelle partie de manille pour
inspecter son peuple et en surveiller les évolutions. Il allait et venait sur le boulevard, comme
un bon khalife, en promenade dans sa ville,
soucieux de sa prospérité, entouré d'hommages
et de considération. Sa vue inspirait la confiance, entretenait le zèle, redressait les cou-
rages défaillants.

Il flairait de loin l'ennemi, prévoyait les
râfles d'instinct et donnait l'alerte à l'occasion,
soit de près, en passant, sans en avoir l'air,
par un signe conventionnel, soit de loin, par
un coup de sifflet spécial et retentissant. Et il y
avait aussi des refrains en vogue qu'il se mettait
à siffloter tout à coup pour avertir ces dames de
la présence d'un promeneur suspect, d'un client
généreux ou d'une riche proie à conquérir, car
il était renseigné, comme pas un, sur les choses

et les gens du quartier. C'était un répertoire vivant de la clientèle et s'il flairait les mésaventures, il flairait aussi les aubaines. .

Le passant candide, oyant fredonner à ses oreilles une rengaine de café-concert n'y attachait pas plus d'importance qu'à celle d'une distraction innocente et ne se doutait guère qu'elle contint une défiance ou une menace à son adresse.

Comment s'imaginer, en effet, qu'il y eut un appel aux convoitises dans l'air :

Nous irons écouter la chanson des blés d'or.

ou que cette simple ritournelle :

N'allez pas oublier l'heure du rendez-vous.

constituât un prudent « garde à vous ! »?

Mimile était aussi renseigné sur le roulement de la police. Il connaissait, au moins de visage, tous les agents des mœurs. Il les avait étudiés, il savait leur caractère, leur point faible. Il les circonvenait à force de politesses, avait réussi à se faufiler, à coup de bonnes grâces, dans l'intimité de quelques-uns. Il leur glissait parfois à l'oreille de prétendues révélations dont il savait détruire l'effet, à l'avance. C'était un prétexte pour les entraîner chez le bistrot, leur offrir une tournée. Il les désarmait par sa belle humeur ; s'étudiait à leur donner l'impression d'un brave garçon, mêlé au mauvais monde par une pente irrésistible à la vadrouille, mais incapable d'un mauvais coup. Il savait l'heure de relevée des brigades et qu'il existe, entre chaque prise de service, une sorte de trève-Dieu, un moment de grâce où l'armée du vice peut se déployer en toute impunité. Il y avait des agents défiants et incorruptibles, qui ne connaissaient que la consigne et opéraient avec une inflexible rigueur. Il fallait filer doux avec eux et manœuvrer en conséquence, mais la belle revanche les soirs où ils étaient de repos ! Et c'est surtout quand il n'y avait rien à craindre de ce côté, que Mimile allait et venait, talonnant les paresseuses, tirant du fond du débit où elles s'oubliaient à boire celles qui manquaient de cœur à l'ouvrage, signalant les défaillances à leur seigneur et maître, chargé du châtiment, mais ces dames l'aimaient quand même parce qu'il écoutait leurs doléances, qu'il y faisait droit lorsqu'elles étaient justes et qu'il maintenait l'ordre et l'harmonie dans la corporation.

Certainement Mimile n'aurait pas supporté que la *Banban* empiétât sur le territoire de Sarah. Il se serait empressé de museler Zizi, mais, en dépit de ses bonnes relations, Mimile avait eu la malchance de se trouver compromis dans une affaire de cambriolage — comme si les bénéfices de sa charge et la dîme qu'il prélevait sur les gains de ses administrés, n'auraient pas dû lui suffire! — Il s'était laissé récemment coffrer par le service de sûreté, qui ne respecte rien, de sorte que les opprimés avaient perdu leur soutien et que l'anarchie grondait autour des institutions séculaires.

Tout en compatissant au désespoir de Sarah, je ne pouvais envisager les choses sous le même angle et, devinant à mes hochements de tête qu'elle n'arriverait jamais à me convaincre, elle sortit, dépitée, en me jetant :

— Je vous ai dit ce que j'avais à vous dire. Vous en ferez ce que vous voudrez mais s'il m'arrive malheur, vous saurez à qui vous en prendre!

Cette dénonciation reçue sous une froide apparence m'avait néanmoins laissé perplexe. C'est la première fois que j'entendais parler de ce Zizi, débutant dans la Carrière. Je dépêchai incontinent un inspecteur à ses trousses aux fins de renseignements. Quelques minutes plus tard, j'étais édifié. Zizi était l'une de ces jeunes fripouilles poussées à l'abandon, sur le pavé parisien. Mêlé de bonne heure au monde du vice, il avait déjà commis cent petits méfaits pour lesquels son jeune âge lui avait valu l'absolution. Sans métier, il vivait, comme il pouvait, de commissions, de corvées, de coups de main, de la charité des uns et des autres et surtout de chapardages. Il était ainsi parvenu à l'âge de dix-huit ans. Il fréquentait la *Banban*. Le jour où elle fut libre, il se mit en ménage avec elle. Tous deux logeaient dans un galetas de la rue Philippe-de-Girard. On me le signalait comme un individu dangereux, capable de tout. J'avais donc à redouter un crime que mon devoir était de prévenir, mais l'affaire se présentait mal. Ses menaces n'étant pas faites sous conditions et ne pouvant être étayées de témoignages, ne constituaient pas, à proprement parler, un délit. D'ailleurs il s'agissait d'un ordre de discussion si spécial! Quel juge aurait osé considérer la plaignante comme justement lésée dans ses droits? Tout au plus m'était-il permis de faire comparaître Zizi et d'essayer de lui faire peur en lui déclarant que j'avais l'œil sur lui mais quelle chance d'y réussir avec un énergumène de cette trempe! C'eût été l'irriter davantage au contraire. Il n'eût pas manqué de considérer la dénonciation de Sarah comme le pire des outrages et serait sorti de mon bureau plus altéré de vengeance que jamais.

— Eh! bien, me direz-vous, que ne le mettiez-vous sous clé, votre Zizi? Ne s'agissait-il pas d'un souteneur avéré? N'étiez-vous pas armé, pour ce faire, par la loi de 1885, sur le vagabondage spécial?

— Ah! bonnes gens, que vous ignorez donc le formalisme administratif et l'inefficacité de cette loi, qui, semblable à toutes les lois de circonstance que l'on nous bâcle, à tour de bras, depuis un demi-siècle, reste quasi inapplicable.

Et le scrupule du législateur s'explique dans une certaine mesure car, enfin, où commence et où finit le délit qu'il veut punir? Il est bien évident que la loi n'entend pas s'élever indifféremment contre tout acte de cette nature, sans quoi le juge finirait pas s'immiscer jusque dans le secret de certains ménages bien parisiens et quelle pluie de scandales en perspective même dans les plus hautes sphères de la société ! Que de fils de famille, par étourderie, inconscience ou nécessité, sans être absolument pervertis, acceptent des libéralités librement consenties de leurs maîtresses, filles de théâtre, ou courtisanes en renom ! Jusqu'où la passion ne mène-t-elle pas d'honnêtes garçons, sans compter qu'il en est qui peuvent ne pécher que par ignorance. Didier croit Marion de Lorme une honnête fille. On sent bien qu'ici les excès de la repression seraient pires que le mal, c'est pourquoi la loi ne vise qu'une catégorie de souteneurs, la plus dangereuse, celle qui vit de basse prostitution et qui s'exerce sur la voie publique.

Il faut, pour que la loi reçoive sa pleine application, qu'il soit établi que l'homme facilite l'exercice de la prostitution de la femme dans la rue, qu'il s'en fasse remettre d'autorité le produit et qu'il s'avoue impuissant à se procurer d'autres ressources.

Il faut surtout, ne l'oubliez pas, et c'est la condition *sine qua non*, que l'homme soit pincé en flagrant délit. C'est-à-dire qu'il faut que l'agent soit en état de témoigner qu'il *a vu*, de ses propres yeux *vu*, ce qui s'appelle *vu* le souteneur exiger, sur la voie publique, le gain de la fille, et l'empocher, au sortir d'une passe.

Cela ne se peut que par miracle, car enfin les souteneurs ne sont pas si bêtes que d'aller s'exposer bénévolement aux regards des agents et ils ont coutume d'épier l'ombre autour d'eux. Les agents en voient diminuer leurs chances de réussite. A moins qu'ils n'agissent de complicité avec la fille et cela se voit assez fréquemment, soit qu'elle veuille se débarrasser d'un souteneur devenu trop exigeant, soit qu'elle veuille perdre de réputation, pour se l'attacher définitivement, un ami vierge de condamnation qu'elle enrôle ainsi de force dans la catégorie des dévoyés. Plus de danger alors que l'homme lui échappe. Plus de rachat possible. Si l'homme, pris de remords, veut revenir au bureau ou à l'usine, une lettre anonyme émanant de la fille, aura tôt fait de le dénoncer à ses chefs comme repris de justice. Le casier judiciaire est là, preuve irréfutable, instrument de perdition et l'homme, mis à la porte, devra retourner à son vomissement.

Dans ce cas, la fille a soin de se mettre en rapport avec les agents et opère à l'endroit où elle les sait embusqués, derrière une palissade ou dans un urinoir. Encore le souteneur peut-il prétendre que l'argent qu'il a reçu n'est que le remboursement d'une dette, ou l'échange d'une pièce blanche contre de la menue monnaie.

La condition de la loi la plus facile à esquiver est celle qui exige que l'homme ne puisse alléguer d'autres ressources que celles de la prostitution. Il est si facile d'exhiber un certificat de travail. On s'est employé quelque part. On a bricolé à ses moments perdus. On a prêté assistance, çà et là, aux charretiers, aux coltineurs. On a donné un coup de pinceau, l'espace d'une matinée, avec des peintres en bâtiment. On peut même se procurer un faux certificat de travail à prix d'argent. Il y a des officines louches, établies à cet effet.

Se munir de certificats est une précaution élémentaire que n'oublient pas de prendre ces messieurs. Zizi en avait exhibé plusieurs.

Il avait été employé, un temps, comme facteur au *gros camionnage*. C'était assez pour le faire remettre en liberté par le juge, aux yeux de qui les faux certificats ont la valeur des vrais. Allez donc faire la vérification ! Les patrons vous renvoient aux chefs de chantier qui vous renvoient aux chefs d'équipe, lesquels se renouvellent à chaque instant et se soucient peu d'aider la police dans ses recherches en s'exposant aux représailles.

J'avais recommandé à l'inspecteur, chargé d'interpeller Zizi, de ne faire aucune allusion à Sarah, pour les motifs que j'ai exposés. Mais je n'avais pas manqué d'aviser le service des mœurs. Je croyais la mesure momentanément suffisante. Il n'en était rien puisque Sarah était frappée dans la nuit qui suivit.

J'allai cueillir Zizi à son domicile. Je le trouvai,

étendu tout habillé, sur son lit, seul, dans sa chambre, occupé à lire tranquillement un roman feuilleton : *La juive du Château Trompette*.

Il ne parut nullement ému de ma visite. Il affectait de prendre la chose en rigolant. Celui-là, encore, était un type peu ordinaire, un *numéro* comme on dit. Il s'imaginait avoir tué la fille et il se glorifiait de son exploit. Il disait, pour excuse, qu'il avait été provoqué. Sarah l'avait traité de *bandit* en public. Il lui avait rabattu son caquet, comme doit le faire un homme qui se respecte. Il avait vengé sur elle la dignité du mâle offensé, du mâle vis-à-vis de qui la femme doit rester en état de sujétion complète. La drôlesse méritait une leçon. Il l'avait voulue exemplaire. Tandis qu'il me narrait complaisamment la scène et m'exposait ses raisons, en homme sûr de son droit, un sourire de satisfaction grimaçait sur sa face de bouledogue, mettant à nu sa mâchoire redoutable et toute une animalité féroce remontée du tréfonds de sa nature, allumait ses regards.

Avec un inculpé revendiquant si volontiers la responsabilité de son acte, la procédure ne pouvait traîner. Je jouais sur le velours. Encore fallait-il établir la préméditation, entendre les témoins, et ç'avait été, devant moi, toute l'après-midi, un défilé de voyous blêmes et de filles minables, où se parcourait toute la gamme, toutes les nuances de la déchéance humaine.

« Une vraie prise! » comme disait ce loustic d'Eve, le garçon du bureau. L'atmosphère du commissariat en était saturée de relents vaseux. On se serait cru dans la brousse, en plein marécage, un soir de canicule, riche en odeurs pestilentes. Des têtes de sauriens verdâtres, surgissant par intervalles, complétaient l'illusion.

J'avais hâte d'en terminer comme si j'avais à redouter les ravages de l'asphyxie. Le jour même, mon Zizi prenait le chemin du dépôt, sous une inculpation bien établie cette fois. Et le soir venu, il ne me restait plus qu'à mettre sous scellés les pièces à conviction que le garçon de bureau devait porter au greffe le lendemain. J'avais le couteau à cran d'arrêt sur ma table et j'achevais d'en libeller l'étiquette, lorsque l'inspecteur G... vint me remettre la carte d'un visiteur en instance de m'entretenir. J'y jetais hâtivement les yeux et j'y lus ce nom :

CHARLES MAURRAS.

CHARLES MAURRAS

Je connaissais peu Charles Maurras. Nous nous étions rencontrés, à deux ou trois reprises, aux séances des *Félibres*, au café *Voltaire*, mais dans une cohue où il ne nous avait été permis que d'échanger quelques banales paroles de politesse. J'étais pourtant instruit de ses mérites. J'avais lu de lui des chroniques qui témoignaient d'une intelligence alerte et de solides qualités d'écrivain et il jouissait déjà dans les milieux littéraires d'une certaine notoriété. Je savais qu'il était né en Provence, au bord des eaux fleuries de lumièreet que son enfanceavait respiré :

> L'air latin qui nourrit la limpide pensée
> Et favorise au jour sa marche cadencée.

Il était alors le disciple préféré d'Anatole France, qui lui avait dédié des vers charmants :

> Charles Maurras, les dieux indigètes, les dieux
> Exilés et le dieu qu'apporta Madeleine
> T'aimaient. Ils t'ont donné le roseau de Silène
> Et l'orgue tant sacré des pins mélodieux

> Pour soutenir ta voix qui dit la beauté sainte,
> L'harmonie et le chœur des lois traçant l'enceinte
> Des cités, et l'amour et sa divine sœur,
> La mort qui l'égale en douceur.

Moréas l'avait en grande estime et n'avait pas hésité à lui conférer le baptême roman. Sa visite ne pouvait donc que me ravir ; j'en sentais tout le prix. Je me levai et courus à sa rencontre, la main tendue.

Il m'expliqua qu'il se rendait à une réunion de poètes où devait se trouver Moréas et où il espérait que je voulusse bien le suivre, ce que j'acceptai avec empressement, mais il me fallait attendre l'heure libératrice et la conversation s'amorçait tout de suite sur le groupement qui nous unissait.

— J'attends beaucoup de ce groupement, disait Maurras. Ce nom de « roman » m'enchante Il me semble y découvrir un peu.

> Le tremblement de la mer natale.

J'y retrouve ce rythme mystérieux qui s'étend du Midi, en ondulations de lumière et reste le même, de quelque nom qu'on le pare : latin, félibréen, italien, hellène. Vive donc cette appellation nouvelle! puisqu'elle implique une réaction nécessaire contre l'art Scythe qui nous envahit, si toutefois il est permis de considérer comme un art, cet amas d'extravagances que l'on nous sert, depuis un quart de siècle, sous couleur de littérature! Ce qui s'écrit depuis lors, ce qui se joue sur nos théâtres, dégage une telle pauvreté de conception, une odeur si corrompue que l'on en reçoit la nausée. On se croirait replongé dans les ténèbres qui ont précédé l'an mil.

Je n'en étais point encore parvenu à ce degré de déblayement. C'est surtout le jargon décadent qui avait fini par m'exaspérer. Ronsard m'avait révélé le secret du beau langage et ce n'est qu'une révolution de forme que je cherchais dans l'idée romane. Je me risquai à objecter :

— Il y a pourtant dans cet art nuageux, dont je reconnais les vices, un côté bien séduisant, quelque chose de suggestif.

— Sans doute, concédait Maurras, le barbare a des sensations fortes, violentes, quelquefois jusqu'à inspirer le dégoût. J'admets qu'il se découvre ou plutôt qu'il nous découvre, car il n'a conscience de rien, d'intéressants mystères d'âmes, mais il les laisse à l'état fruste. Et comme son art est court! Et qu'il est incapable de disposer une harmonie! Et puis voyez où ces gens-là nous mènent, voyez ce qu'il est advenu du mouvement romantique qu'ils ont déchaîné! Ce mouvement me paraît une sorte de *Cosaquerie*. Oui, je suis prêt à considérer 1830 comme un second 1815, un désastre national. Tout y va à l'encontre de l'esprit français.

— Ils nous ont donné le sens du mystère.

— Croyez-vous que le sens du mystère ait

échappé aux maîtres anciens? On court aujourd'hui aux métaphysiciens allemands. En est-il un qui vaille Saint Thomas, le napolitain? Je préfère Plotin d'Alexandrie à Ruysbroeck l'admirable. Ne croyez pas que la terreur, l'horreur, veuillent des termes anglicans. Il n'y a pas que les pays de brumes pour créer de la magie. Le soleil aussi est plein de mystères. Ses vertiges rendent fou. La littérature antique n'a-t-elle pas ses sorcières, ses Canidie, cueillant des simples au clair de lune? N'a-t-elle pas ses fantasmagories, ses enfers et sa terreur panique? Ah! que ce diable cornu des anciens, ce colossal et redoutable Pan, dépasse de cent coudées le diable guignolesque de M. Huysmans et des poètes sataniques de nos jours. Il n'est rien en art qui ne se retrouve. Tout nous vient des pays du soleil. Quand je me sens l'âme mélancolique, ce n'est point Wodsworth qui me requiert mais le divin Mistral.

> *Oh! dins li draio enguerminado*
> *Leissas me perdre pensatieu!*

— Mais Shakespeare?

— Shakespeare doit ce qu'il a de meilleur à l'influence italienne. Venise et Florence et toutes les beautés qui ruissellent d'elles, furent aussi nécessaires à la formation de son génie que le grain du froment à la pâte du pain. Autre chose peut s'y mêler, mais voilà bien l'essentiel. L'erreur des romantiques fut de vouloir s'assi-

miler les procédés, puérils au fond, des Hyper-
boréens. On vit Hugo nommer ballades des
rhapsodies sans ordre, imitées de Schiller, sans
songer au beau rite illustré par Dante et Villon.
Et voilà aujourd'hui qu'on nous propose Swin-
burne!... Espère-t-on, franchement, renouveler
notre littérature par le commerce de l'âme
slave ou anglo-saxonne, de ces auteurs dont nous
n'arrivons même pas à pouvoir prononcer le
nom ? Les barbares peuvent bien infuser du
sang neuf à une race ; un rythme neuf, jamais!
Il fallut que les Provençaux au ixe siècle retrou-
vassent les sources antiques pour que la littérature française fût. Il fallut que Ronsard lût
Homère et Pindare pour que les vrais chants
renaquissent du moyen âge en perdition. Il a
fallu chez nous la venue de Moréas, né à Athènes,
pour nous remettre en bon chemin. La lumière
latine est le salut. Si Hugo n'a pas sombré tout
à fait, c'est qu'il portait, dans ses veines, du sang
espagnol. Si Théophile Gautier se maintient,
c'est qu'il venait de Tarbes et du Comtat
Venaissin. S'il existe un art flamand, c'est
que l'Espagne a passé par là. Vous parlez de
Shakespeare. Que pèse-t-il à côté de notre
Eschyle ?

— Mais les classiques ont peut-être trop
sacrifié uniquement aux idées générales, au
mépris des petites vérités particulières et des
inclinations fugitives. A côté du leur, n'y a-t-il
pas place pour un art plus individuel ? Le but

de nos efforts n'est-il pas de délivrer le dieu qui est en nous ?

Je lus à ce moment dans les yeux de mon interlocuteur une révolte brusque mélangée de stupéfaction.

— Quoi ! semblait-il me dire, vous en êtes encore là ! et bientôt s'animant : « Ce dieu n'est souvent qu'un singe, un animal vicieux et malfaisant. Il n'y a pas d'art individuel. Il n'y a pas d'art de sentiment, pas de littérature de sensations, d'émotions. La vie humaine ne compte guère dans l'ordre universel. A quoi bon l'élever à son paroxysme ? La vie n'est qu'une conspiration à la mort. L'art n'a qu'un but : entretenir chez les hommes le mâle amour des idées ».

Et Maurras se mit à me développer un vaste système philosophique, une sorte de néoplatonisme, qu'il opposait à la métaphysique allemande, à ce qu'il appelait l'astrologie de l'infini. Il paraissait avoir ce mot d'*infini* en particulière horreur.

— Mais Pythagore l'a dit, s'exclamait-il, comme irrité de mes objections, la divinité est nombre. Tout est nombre et terminé. La réflexion, la règle, le calcul vivent dans la nature d'une vie nécessaire comme le plaisir et l'amour. La véritable doctrine consiste d'abord à ne rien méconnaître, ensuite à concilier dans nos cœurs, le démon religieux et le voluptueux, de façon à maintenir en nous une sereine harmonie.

Et Maurras m'offrait l'image qu'il avait dressée du monde, luisante et réglée, comme un mouvement d'horlogerie, d'un monde où tout était sacrifié à l'ordre et qui n'admettait ni sensiblerie, ni miséricorde, ni pitié. « Il faut qu'il y ait des gens qui souffrent et qui servent! » Il se raillait des rêveries humanitaires. « Écoutez nos modernes anti-esclavagistes. Ils émanciperaient jusqu'aux bêtes de trait, s'ils en avaient les moyens! »

Ah! pensais-je, on voit bien que Maurras n'a pas incessamment comme moi, sous les yeux, le douloureux spectacle de la misère humaine. Nos humeurs différentes tiennent d'une condition de vie dissemblable, et j'hésitais à le suivre dans sa conception de l'univers, par une méfiance innée des spéculations abstraites, sachant à quelles erreurs elles aboutissent le plus souvent. Cette méfiance s'était renforcée sur les bancs de l'école. On m'y avait parlé de Pyrrhon qui, sous prétexte que les choses ne sont qu'apparence, refusait de se déranger sur le passage des charrettes et eût rnjambé les précipices, si ses amis ne l'eussent retenu. Est-ce que Descartes, le fondateur de notre philosophie, n'en était pas arrivé, à force de syllogismes, à nier la sensibilité des animaux et à les considérer comme de purs automates? Et il prétendait baser son système sur l'expérience! Et Malebranche l'approuvait. Il n'en avait p fallu davantage pour me dégoûter à jamais des discussions philosophiques. Il me suffit de savoir que notre pouvoir de connaissance a des limites et que les dialectiques les plus savantes, en matière de métaphysique, n'arrivent qu'à brouiller les questions au lieu de les résoudre, et il me semblait bien que Maurras faisait un peu, çà et là, plier arbitrairement les faits au gré de son caprice, pour les besoins de sa cause. C'est ainsi qu'il plaçait à la tête de l'univers un dieu qu'il voulait être celui de notre église, mais qui me semblait ressembler plutôt à quelque Jupiter Olympien. La doctrine du Christ, religion des faibles et des opprimés, allait trop à l'encontre de la sienne. Il biffait délibérément l'Évangile, œuvre sans autorité, à ses yeux, de quatre juifs obscurs et il laissait bien volontiers le consolateur des affligés aux mains de M. Jules Simon.

Au vrai, sa religion était une sorte de paganisme s'accommodant de l'esclavage ; et sa politique une sorte d'aristie hautaine à laquelle eût souscrit Périclès. Rien ne laissait prévoir qu'il passerait si vite de la République athénienne au royalisme intégral. Abus de syllogismes sans doute, car si l'on conçoit bien son amour de l'autorité, on ne voit pas comment cette autorité ne serait valable et bienfaisante, qu'exercée par droit de naissance ? N'a-t-on jamais vu régner des incapables et des fous ? L'autorité doit revenir au plus digne. Ce n'est pas un privilège hérité de famille.

Mais à quoi bon discuter de ces choses ? Je veux m'en tenir au souvenir heureux que j'ai gardé de cet entretien. Le paganisme de Maurras n'était pas pour me déplaire. J'ai toujours pensé que le mythe hellénique, outre son noble éblouissement de façade, était la clé des plus profondes vérités et qu'il contenait tout ce qu'on est en droit d'espérer du savoir humain. Mais le bénéfice le plus sûr que je recueillis de son discours fut la démarcation nette qu'il me traçait entre l'art sensitif et l'art rationnel ; il m'en faisait saillir aux yeux les divergences. Il m'opposait, comme on l'a dit depuis, Minerve et Belphégor, que j'avais été jusque là trop souvent enclin à confondre de visage.

Il bâtissait l'escalier d'où je devais m'élever marche à marche pour découvrir la terre promise, et d'où je devais m'écrier, un jour, avec l'auteur de la *Prière sur l'Acropole*, le front tourné vers l'image de Pallas :

— *O noblesse ! o beauté simple et vraie ! déesse dont le culte signifie raison et sagesse, toi dont le temple est une leçon éternelle de conscience et de sincérité, j'arrive tard au seuil de tes mystères, j'apporte à ton autel beaucoup de remords. Pour te trouver, il m'a fallu des recherches infinies.*

Maurras parlait avec une solennité grave, une autorité souveraine, doré déjà des feux de son renom futur, et conscient des promesses de son Destin.

Son éloquence fleurie coulait de source. Il

n'était plus question que de poésie. Ses paroles faisaient un bruit d'abeilles. J'en scandais machinalement la musique avec le couteau resté sur ma table, sans prendre garde qu'il ruisselait d'un sang humide où s'engluaient mes doigts. La réalité s'était évanouie. J'oubliais le crime, Sarah, Mimile, Zizi, la *Banban* et l'effroyable défilé de monstres de l'après-midi qui avait fait de mon bureau une sorte de jungle empestée de poisons. Ce n'est plus la flamme sifflante de la suspension à gaz qui nous éclairait. L'horizon s'était élargi. Je voyais sous mes yeux se dérouler un paysage sacré, un rivage fleuri, des vergers d'oliviers, des bois de roseaux et de pins, toute la splendeur attique, enveloppée « d'une lumière si gracieuse que les moindres objets s'y dessinaient, dans l'air, comme des esprits bienheureux ». Le temps n'existait plus. Il fallut que la voix bourrue du père G..., impatienté de ce délai, vint me jeter à travers la porte « Il est dix heures! » tant il était pressé de se libérer de la corvée quotidienne, pour nous faire lever le siège. Maurras et moi, sortîmes, nous dirigeant vers cette réunion dont il m'avait parlé dans un café du centre, mais dont j'ignorais le lieu exact. Je me laissais guider par lui. Nous descendions tranquillement dans Paris, toujours devisant, lorsqu'à l'angle du boulevard Magenta nous fûmes pris dans les remous d'une manifestation de grévistes échappés d'un meeting au

Tivoli-Vaux-hall, que la police venait de dissoudre et qu'elle pourchassait, aidée d'un peloton de la garde à cheval. Des cris divers se croisaient « A bas les juifs! A bas la Patrie! Vive Morès! Mort aux voleurs! » C'était une panique indescriptible. Tandis que nous nous efforcions de nous raccrocher l'un à l'autre, une brusque ruée de foule nous fit lâcher prise et nous entraîna si vite en sens opposé, qu'il nous fût impossible de nous rejoindre et je dus rentrer seul, déplorant le crime des factions et qu'il ne soit cœurs si unis, affections si vives, qu'elles ne parviennent à déchirer.

XVII

MAURICE DU PLESSYS

Le chevalier Maurice du Plessys de Lynan donnait alors l'illusion d'un contemporain de M. de Bernis attardé parmi notre civilisation d'ingénieurs. J'écrivais de lui à cette époque dans le style à la mode : « Un calculateur le fait sourire et il s'étonne de n'être point pensionné d'une cassette royale. Riche, son unique souci serait d'une dentelle à tuyauter, d'une nuance d'habit à choisir, d'un salmis à épicer et dequel cru constituer le bouquet définitif de son dîner. Pour l'heure, n'ayant point d'écus à dépenser dans les hostelleries, il s'en tient à instruire ses amis d'inédites recettes culinaires et à les mettre en garde contre les rôtisseurs inexpérimentés. Il n'a pas les orgueils plébéiens du moment. Il ne fait pas métier de pontife, sauf en matière d'élégance et de savoir-vivre. D'aucuns se font, esthètes de rencontre, de leurs rimailleries laborieuses, une cathèdre d'où secouer les éclats tonitruants d'Isaïe. Ils vaticinent, ils prophétisent. Ils se rêvent, chargés de palmes, portés en scapulaires, auréolés d'or sur fond bleu. Ils se proclament gravement, à la brasserie, la langue empâtée de trop d'alcool, les élus de Dieu pour des fins mystérieuses. Notre chevalier, pour faire des vers et des meilleurs, ne cherche point à nous en imposer. La littérature n'est pour lui qu'une bague au doigt. Il s'en pare comme d'un joyau sans plus et seulement parce que cela complète l'idée qu'il se fait d'un galant homme. Il serait effectivement fâcheux qu'un monsieur en quête de toutes les distinctions, n'eût point commerce avec les Muses Certes, il prise fort un vers avoué d'Apollon, non davantage toutefois qu'un geste gracieux et s'il abhorre une épithète incolore ou vulgaire, il déteste au même titre un salut gauche, un abord sans nuances, une répartie sans finesse. »

Maurice du Plessys, instruit par l'adversité, devait évoluer. Les ailes lui ont poussé depuis. Il est devenu un grand poète, deux fois sacré par le génie et la douleur, et il a fait entendre les cris les plus déchirants qu'on ait poussés depuis Musset et Baudelaire, mais je ne l'évoque ici que dans l'allégresse de ses débuts et le sourire de son premier matin.

Je le vois encore, souple et fringant, glissant dans la rue, fouettant l'air d'un stick léger, auquel il imprimait, parfois, au risque d'éborgner les passants, un furieux mouvement de moulinet. Il s'en servait, pour ponctuer ses discours, avec des gestes d'escrimeur, criblant d'estafilades les malheureux arbres du boulevard. Baju, au temps du *Décadent,* ne se lassait pas d'admirer sa désinvolture. Il s'étonnait de sa façon de « poser le pied avec l'art des suprêmes danseuses » et l'assimilait à « une gravure de mode », car Du Plessys prenait un soin particulier de sa mise. Avec Cazals, instruit des secrets de la couture, c'étaient d'interminables discussions sur des façons de coupe et des silhouettes d'habits. Du Plessys préconisait le harnais collant à quoi le vouait sa sveltesse fiorentine. Cazals, épris de redingotes à jupes, de gilets à basques, et de pantalons à la housarde, le combattait éperduement au cri de « vive l'ampleur ! » mais du Plessys n'en continuait pas moins l'exhibition de maillots stricts et de justaucorps étroits qui lui donnaient une apparence frêle, désincarnée, « spiritualisée » comme il se plaisait à dire. Et il les voulait de couleur vive et chatoyante, ornés de fines passementeries. S'il eut osé, il eut assumé la perruque et l'épée de Lauzun. Il disait :

> Peut-être que, voilà des temps, je fus Mozart.
> Je me sens des velours de Maître de Chapelle
> Et, bien que mon gilet ait quitté ses dentelles,
> J'ai le mépris de tels jabots ruchés sans art.

Il logeait à deux pas, rue de Flandre, et disposait librement de son temps. Il ne se passait guère de jour qu'il ne vint par désœuvrement flâner un moment au commissariat ou me prendre à la sortie, pour aller déambuler en ville.

Sous ses allures frivoles, dont il ahurissait le voisinage, Maurice du Plessys cachait un esprit mûr et solide. Il assistait parfois à des interrogatoires d'inculpés et me reprenait de ma mansuétude, car c'était un partisan absolu de l'autorité. Je dirais même un sectaire farouche si l'idée d'aveuglement qu'impliquent ces mots pouvait se concilier avec une intelligence lucide comme la sienne. Lorsque je lui rappelais la phrase de Tennyson : « Il y a plus de foi dans un doute honnête que dans la moitié des convictions », il me rétorquait le mot de Gœthe : « Je supporte plus aisément une injustice qu'un désordre ». « Sans doute, convenait-il, lorsque je le poussais à bout, l'extrême justice ne va pas sans froissements et sans iniquités, mais c'est énerver l'autorité que de s'embarrasser de ces particuliers. Il y a longtemps qu'on a dit : « Tout comprendre c'est tout excuser. » Le bras qui frappe au nom de la loi doit être impitoyable et se persuader de la vertu de l'exemple, sans quoi il n'y a plus de société possible ». Une chose surtout le révoltait. C'était de voir, quand nous longions au crépuscule les boulevards extérieurs, l'étalage et le manège ouvert de la prostitution. « A quoi sert donc la police ? » me reprochait-il. J'avais beau lui représenter l'immensité de la tâche, le néant des râfles et des répressions, d'ailleurs contrariées par les méfiances de l'opinion, il continuait à s'indigner, n'admettant pas qu'aux yeux des policiers, l'opinion publique pût avoir la moindre importance. Il eût affronté l'impopularité des sabreurs de foule plutôt que de céder aux injonctions de la rue. Et j'admirais ici la force innée de nos convictions. Je voyais des anarchistes millionnaires prêcher la communauté des biens, tout en continuant à jouir sans remords des commodités de la fortune et j'entendais ce malheureux du Plessys, qui n'avait pas un pouce de terre au soleil, ni, souvent, même un écu en poche, lui qui n'avait rien à défendre, ni rien à craindre d'une révolution, tenir le langage d'un privilégié du sort et réclamer contre le déchaînement des appétits populaires et la menace des rodeurs et des vagabonds, un redoublement de sévérité.

Tout acte d'énergie, en matière administrative, le transportait.

Il advint qu'un soir, tandis que nous devisions, près du rond-point de la Villette, je reconnus, se dissimulant dans l'ombre, à notre approche, une professionnelle de l'entôlage, vainement recherchée par le service de la Sûreté. Elle avait disparu de son domicile après avoir soulagé un garçon de recettes de son portefeuille gonflé de dix billets de mille. Je fis un pas vers elle. Elle voulut fuir. Je m'élançai à sa poursuite et ce fut, pendant dix minutes, une course éperdue à travers les groupes de promeneurs, sur les trottoirs à la circulation intense et la chaussée encombréc de voitures, filant à toutes guides. Je vis la fille se jeter dans un débit louche, grouillant d'une clientèle suspecte. Le tenancier et sa femme, ennemis de la police, en représailles de tant de contraventions infligées, voulurent me barrer le chemin. Jouant l'indignation, ils affectaient de considérer mon intrusion comme une violation de domicile, et leurs récriminations ameutaient contre moi toute la gouape de céans, qui déjà se consultait du regard pour savoir si elle devait intervenir et m'arracher ma proie. La rapidité de mon opération fut mon salut et leur en ôta le loisir. Bousculant mon couple adversaire, j'empoignai la fille en train de disparaître par une porte dérobée, et la traînai au dehors, juste à temps, pour la remettre aux mains de deux gardiens de la paix qu'un hasard providentiel amenait à ce moment. Sans cette circonstance heureuse, je ne sais trop ce qu'il serait advenu de moi. Toute la clientèle surgie se ruait sur mes pas, animée des intentions que l'on suppose et décidée à me faire payer cher mon coup d'autorité.

J'en fus quitte pour quelques horions sans gravité. Je ne parle pas des injures, c'était sans importance, ni d'un litre lancé à mon adresse du fond de la salle, d'une main si maladroite qu'il vint se briser sur le seuil sans réussir même à m'éclabousser des jets du liquide qu'il contenait encore. La vue des képis eut vite fait de pacifier la tempête et de rétablir l'ordre. Tel le front de

Jupiter, chez Homère, suffit à briser la sédition des vagues soulevées.

Du Plessys avait suivi la scène de loin. Je ne vis jamais homme si ravi lorsqu'il lui fut permis de me rejoindre. Il exultait positivement. Et je souris, à mon tour, l'oyant dire du ton solennel d'un chef de service félicitant son subordonné : « A la bonne heure ! voilà comment j'aime à vous voir agir ! » Dans sa joie, il ne voulut pas me quitter avant de m'avoir « régalé ». Il m'offrit une tournée de bocks. J'acceptai l'invitation, car la course m'avait altéré, mais le sachant à ce moment peu fourni de pécune, je me réservais de solder le prix des consommations. Il n'y voulut jamais consentir. Il s'obstina à faire les frais de cette frugale débauche pour mieux me manifester l'étendue de son contentement.

Ce qu'il y a de piquant dans cette aventure et ce qui me la fait rapporter, c'est que ce brave Maurice du Plessys, ami de la poigne, et qui savait si bien défendre la cause de l'autorité, devait en devenir l'injuste victime. Il eut, un jour, à la suite de je ne sais quelle querelle avec un banlieusard irascible, maille à partir avec des agents stupides. Cela se passait du côté d'Ivry, là même où j'avais exercé les fonctions de secrétaire avant d'être promu à Paris, au quartier de la Chapelle. Du Plessys, qu'une liaison sentimentale attirait dans ces parages, m'y avait rendu de fréquentes visites. Le commissariat d'Ivry était alors installé dans un local malsain et humide, où je perdis du reste la santé. Je m'étais souvent plaint non seulement du manque de confortable et d'hygiène de ce commissariat, mais de l'état purulent des violons, aménagés dans une ancienne remise à voitures. L'administration faisait la sourde oreille à nos réclamations, sous prétexte que les jours de ce local étaient comptés et que la construction prévue d'une mairie nouvelle comportait un commissariat et des « violons » tout battant neufs. Ils figuraient sur le plan à l'étude. On nous les vantait d'avance comme des locaux modèles et l'on nous en faisait mitoiter l'heureuse perspective. Oui, mais en attendant...

Du Plessys n'ignorait pas mes plaintes que j'avais eu l'occasion maintes fois d'exprimer en sa présence. Je l'avais pris à témoin de la défectuosité de ces « violons », indignes d'abriter un être humain. Il n'en paraissait pas affecté et son attitude semblait dire :

« Bast ! les chenapans qu'on y fourre ne sont pas des petites maîtresses. Ils en ont vu bien d'autres ! Plus la peine est dure, plus elle a chance d'être efficace. Le séjour en ces lieux se gravera mieux dans leur mémoire et c'est pain bénit s'ils y puisent la crainte salutaire d'y revenir. » Mais ces chenapans, lui disais-je, font toujours partie de la famille humaine et nous ne sommes séparés d'eux que par une barrière bien fragile. Il ne suffirait peut-être que du déplacement d'une molécule, du froissement d'un organe, d'un accident physique pour aliéner en nous le sens moral et nous faire descendre à leur triste condition. Loin de nous enorgueillir de notre supériorité, soyons humiliés de ne la tenir que du hasard. Et il n'y a pas que des chenapans : le devoir m'oblige chaque jour à sévir contre un tas de pauvres hères, malchanceux. Je ne le fais jamais sans une secrète amertume et je ne sais quel serrement de cœur. Je suis toujours tenté de me dire en présence de ces menus coupables que l'on amène à ma barre : « Que celui qui n'a pas péché leur jette la première pierre ! ».

Maurice du Plessys, interloqué, fusait alors, en guise de réprobation, d'un rire strident et je m'attendais à lui voir jeter à mon adresse, ces mots que dans le *Train de* 8 *h.* 47 jette la cantinière irritée à un gradé débonnaire : « Vous avez l'âme d'une modiste ! »

Hélas ! les événements devaient se charger de justifier mes alarmes aux yeux de Maurice du Plessys. C'est précisément dans l'un de ces violons qu'il devait être jeté lui-même au mépris de tout droit. Peut-être s'avisa-t-il alors que si « la poigne » a ses avantages, elle a aussi ses inconvénients. Je n'étais plus là pour adoucir les angles et amortir la brutalité du choc. Quand la nouvelle m'en parvint, le mal était fait, sans recours possible.

Cet exemple prouve qu'un homme d'honneur peut avoir à pâtir de l'excès de zèle d'un agent maladroit et que, pour un magistrat, se préoccuper des aises d'un galvaudeux, même coupable, ce n'est pas toujours se désintéresser du sort des honnêtes gens.

XVIII

UNE AMIE DE PAUL VERLAINE

Je m'étais éveillé, ce triste matin d'hiver, la bouche amère et pleine de cendres. Quand je dis « éveillé », c'est une manière de parler, car ma nuit avait été de celles que Byron déclare « bannies de l'empire du sommeil ». Ce n'avait été qu'une suite de brefs assoupissements, un morcellement de cauchemars. J'avais quitté, la veille, mon bureau après une discussion terrible avec mon patron, le père D..., et mon avenir me semblait fort compromis. Cela, au moment même où j'allais être appelé à subir l'examen d'avancement. Le bonhomme irrité, pensais-je, ne va pas manquer de me noircir dans l'esprit de mes juges. Mes notes s'en ressentiront et me feront courir à un échec certain. Or, m'immobiliser dans une situation subalterne au gain de famine (142 fr. 50 par mois), m'apparaissait une perspective peu réjouissante. On devine que la littérature était la cause originelle de cette malencontreuse prise de bec. J'avais laissé Léon Deschamps publier les *Cornes du Faune*. Le manuscrit traînait, oublié dans mes tiroirs. Je le lui tendis un jour qu'il

était venu solliciter des vers pour la *Plume*.
« Emporte ça, tu choisiras toi-même ! » Et Léon
Deschamps à qui la chose avait plu, n'avait rien
imaginé de mieux que de l'éditer en volume.
Si tenu que j'étais à la discrétion, je ne pensais
pas que cela pût me nuire. N'est-ce pas le propre
des recueils de vers de passer inaperçus ? Ils
ne risquent guère d'enfiévrer l'opinion. Et le
mien s'adressait à un public si clairsemé !

Léon Deschamps avait balayé mes derniers
scrupules en me représentant que les *Cornes du
Faune*, dont le tirage restreint serait absorbé
par sa clientèle de souscripteurs, ne paraîtraient
pas aux devantures de librairies. Or, précisément parce que je redoutais le bruit et que le
sort malin s'est toujours employé à déjouer mes
calculs, il advint que les *Cornes du Faune* firent
un pétard du diable. La Presse, comme si elle
obéissait à un mot d'ordre, venu je ne sais d'où,
se mit à divulguer ce livre avec une complaisance
que, peut-être, il ne méritait pas. Anatole
France ouvrit le feu dans le *Temps*, puis ce furent
Philippe Gille dans le *Figaro*, Georges Montorgueil dans l'*Eclair*, Jean Lorrain et Émile
Blemont dans l'*Evénement*, Aurelien Scholl,
dans l'*Echo de Paris*. Le branle était donné. Le
reste suivit. Je ne parle pas des petites revues
qui menaient autour des *Cornes du Faune* un
beau tapage ni des Cénacles qui faisaient chorus
à ce point que Charles Maurras pouvait écrire
dans l'*Observateur français* (24 mars 1891) :

« Les jeunes gens se récitent déjà *Paysage* (c'était l'un des sonnets du recueil) comme leurs aînés, il y a quinze ans, se récitaient les *Danaïdes* de Sully Prudhomme ou *Vénérable berceau* de Leconte de Lisle. » Et des lettres, des lettres de tous les côtés m'arrivaient, signées des noms les plus considérés : Mistral, Coppée, Mallarmé, Richepin, Rollinat, Alphonse Daudet, Huysmans, Louis Xavier de Ricard... me prouvant l'émotion soulevée par ce livre. Alphonse Daudet comparait les *Cornes du Faune* à un précieux cloisonné ! « J'ai cette exquise œuvre d'art sur ma table depuis plus d'un mois, écrivait-il, et ma curiosité ne s'est pas encore fatiguée. » Or, je ne connaissais pas Alphonse Daudet. Je ne l'avais jamais vu pas plus que Anatole France, Philippe Gille, Montorgueil, ni même alors Maurras. « Il y a là autre chose vraiment, affirmait Mallarmé, qu'un recueil de sonnets, un livre ; tant la qualité de rêverie riche ou vaporeuse ou diaphane, avec quelques hauts appels, s'y dégage homogène, à côté d'une jolie malice de dessin qu'évoque ce titre : les *Cornes du Faune*. »

Paul Verlaine, dont la vie m'avait séparé depuis trois ans, s'écriait dans le *Courrier français* : « Voici enfin le livre attendu ! » Le Hollandais W. G. C. Byvanck, de passage chez nous, ému de cette effervescence, me dédiait tout un chapitre de sa relation fort remarquée: *Un Hollandais à Paris en* 1891, où il disait :

« Ce charmant petit livre est la confession fort curieuse d'une âme. Oui, l'âme de Paris y dit ses secrets... Les divers états d'âme de la jeunesse parisienne passent devant notre esprit comme des tableaux de paysage, très purs de lignes et frappants, par leur ton et leur exécution ; ils nous font connaître une contrée étrangère... » Oscar Wilde publiait : « La rare et troublante beauté de ces vers me fascine et m'ensorcelle. » Albert Samain s'avouait conquis par l'arôme violent et trouble des *Cornes du Faune* et y trouvait « comme au détour d'un chemin, ces vers de large éclaircie, où tout un rêve s'évade. »

Je continue, malgré tout, à considérer les *Cornes du Faune* comme un livre fort imparfait et si j'exhume ces suffrages, ce n'est point pour m'en prévaloir ni m'en faire un piédestal, mais pour mieux rendre mon anxiété et l'épouvante où j'étais que l'écho de ce bruit ne parvînt aux oreilles de l'administration et ne me valût la disgrâce de Méténier. Or, je n'avais pas, comme Méténier, la ressource de recourir à la littérature commerciale. Je me sentais incapable de vivre de ma plume et je n'en étais que plus acharné à défendre ma situation. Je crois bien que l'aventure est unique, dans l'histoire littéraire, d'un poète accablé de son succès. J'entrais dans des rages folles sitôt que je voyais mon nom imprimé quelque part. Je n'osais plus ouvrir les journaux, peur de l'y rencontrer. Les

éloges me semblaient autant de coups de massue
assénés par une main ennemie. J'avais autre
chose à faire qu'à remercier mes thuriféraires.
Ils durent être fort étonnés de mon silence incivil
et de voir leurs avances repoussées. Il est donc
naturel que quelques-uns, depuis, et non des
moindres, m'en aient gardé rancune.

Heureusement, si la grande Presse n'ignorait
pas les *Cornes du Faune*, elle ignorait tout de son
auteur, tant je m'étais décidé à vivre en reclus et
elle n'était pas tentée de faire allusion à mes
fonctions. C'était, à mes yeux, ma seule chance
de salut. Il était inévitable que le père D...
lût quelques-uns des articles où j'étais nommé.
Il m'en fit la remarque. Je me contentai de
répondre évasivement. «Plus d'un âne, à la
fois s'appelle Martin», entendant lui signifier
par là qu'il ne s'agissait que d'un homonyme et
comme il avait intérêt à le croire, pour garder sa
tranquillité d'esprit, il empocha bravement mon
faux billet comme argent comptant. Je suppo-
sais l'administration dans la même ignorance
et je commençais à respirer lorsqu'un beau matin,
la catastrophe redoutée se produisit. Lucien
Descaves qui collaborait à la *Plume* et en connaissait les secrets, ne s'était-il pas avisé de
dénoncer ma qualité, dans je ne sais plus quel
journal, fort répandu, au cours d'un articulet
concernant les secrétaires de commissariats.
Je ne connaissais alors Descaves que de réputation. Il faut lui rendre cette justice qu'il

était animé des meilleures intentions. Il allait jusqu'à citer mon cas à l'honneur de la corporation. C'était un point de vue qui ne risquait guère, à mon avis, d'être partagé par l'administration. Lucien Descaves croyait me faire plaisir et ne se doutait pas du drame qu'il allait déchaîner.

Ce jour-là même, sur le coup de cinq heures, tandis que prêt au départ, je donnais le dernier tour de clé à mes tiroirs, voilà la porte du cabinet du père D... soigneusement fermée d'ordinaire, à triple verrou, qui s'ouvre avec fracas et l'homme qui bondit vers moi, les yeux hors de la tête, comme une bête féroce en appétit de tout avaler. Je le vois jeter sur mon pupitre l'entrefilet de Descaves. Il sortait d'en prendre connaissance au *Café du Delta*, sur la fin de copieuses libations, peu propres à l'incliner au calme et à la mesure. L'exemplaire du journal froissé, déchiqueté, attestait de quelle main rapide, il s'en était saisi et la violence de son transport.

— Ainsi donc, monsieur, s'écria-t-il, d'une voix que la colère étranglait, vous m'avez trompé ! Vous êtes bien *journaliste* ! Vous êtes bien de cette catégorie d'écrivassiers qui ne savent quoi faire pour m'être désagréables et qui, chaque matin, me couvrent de ridicule...

Un discours, commencé sur ce ton, ne pouvait s'achever en paroles gracieuses et fleuries. Comment détromper le pauvre homme qui voyait une allusion malveillante jusque dans le titre de mon volume ? Il entendait me rendre responsable de toutes ses avanies passées, présentes et futures, de sa déconsidération en haut lieu, de ses déboires professionnels où Dieu sait que je n'étais pour rien. Il parlait d'une campagne de calomnies, remontant à son séjour en banlieue, où il avait eu à pâtir des commérages. J'avais envie de répondre :

Comment l'aurais-je fait, si je n'étais pas né ?

mais, semblable à l'agneau désarmé devant le loup vorace, je sentais toute protestation inutile et me tenais coi ; ce n'est que lorsque, l'alcool ou le diable le poussant, il s'oublia jusqu'aux injures, proférées à pleine voix, qu'un sentiment de dignité me souleva à riposter : « Vous n'êtes pas en état de discuter ! » puis, mettant mon chapeau sur la tête d'un geste emphatique et théâtral, je m'éloignai, très digne, et traversai la salle des inspecteurs, envahie de foule, drapé, pour la galerie, d'une impavide et confiante sérénité. Au fond, je n'en menais pas large, et c'est aux conséquences de cette algarade que je songeais. De quel front oserais-je aborder désormais mon puissant adversaire ? Sans doute, avec ses habitudes négligentes et sa manie de ne paraître au commissariat qu'à des heures indues, pouvait-il s'écouler de longs jours avant que le hasard ne nous remît en présence, mais ce n'était là qu'une mince fiche de consolation et l'avenir restait chargé d'orages.

Ainsi, pensai-je, voilà à quoi expose l'amour des lettres que la Société prend soin de nous inculquer dès l'enfance et sur les bancs de l'école. Au collège, on tend au jeune homme les poètes en appât et plus il mord à l'hameçon, plus on l'applaudit, simplement parce qu'il s'agit d'un diplôme à conquérir, mais sitôt ce diplôme obtenu, la société change de langage et lui dit : « Tout cela, mon bel ami, n'était que sornettes et billevesées. L'heure est venue de te débarrasser de ce bagage encombrant et de songer aux choses sérieuses. Y persévérer serait prendre figure d'imbécile ou de révolté, selon la mesure de ton talent. Le baccalauréat ne vaut qu'en cela qu'il t'ouvre les portes de l'administration, mais si l'administration exige des diplômés de lettres, c'est à la condition qu'ils oublieront la littérature et se rangeront à l'ignorance commune. » Et j'admirais ce vice de notre éducation qui s'obstine, à ne créer que des déclassés et qui avait fait de moi :

> Pauvre et de tous les dons inutiles doué

comme dit le poète Louis Le Cardonnel, une sorte de paria administratif, objet de la risée des uns et de la suspicion des autres.

L'avenir devait me démontrer que je m'exagérais le mal, puisque je fus reçu à l'examen, et que mon avancement suivit son cours régulier sans qu'aucun autre de mes chefs s'avisât

jamais de me faire la moindre observation déso-
bligeante au sujet de ma réputation de poète.
Encore le père D... ne s'en prenait-il à la littérature que parce qu'elle lui apparaissait à son
dam, sous les traits de journalistes blagueurs et
de son persécuteur détesté : Oscar Méténier. Il
sautait aux yeux que mon cas n'avait rien de
comparable à celui de Méténier, assoiffé
de réclame et de bruit, toujours préoccupé
de se mettre en évidence, fut-ce au prix
d'un scandale, mais j'étais alors en proie à
une forte dépression et ma nervosité surex-
citée par un redoublement de nuits blanches
et de labeur forcené, me faisait voir tout en
noir.

Quelques jours à peine me séparaient de l'examen où j'avais été appelé à l'improviste, avant
les délais de stage légal ; non par faveur spéciale, mais par simple hasard. L'un des candidats
avait réussi, grâce à la protection du ministre
Constans, à faire plier le règlement en sa faveur.
Nous avions été nommés le même jour. C'eût
été faire crier et par trop souligner le passe-droit
que de ne pas en étendre jusqu'à moi le bénéfice,
mais c'était m'obliger à mettre les bouchées
doubles et à ramasser, dans un court délai, une
somme formidable de travail. Cette nouvelle
alerte, et la préoccupation d'y répondre, achevait de mettre mes nerfs à l'épreuve, et n'était
pas faite pour me ragaillardir.

Tandis qu'insensible à la bise aigrelette, je

m'acheminais lentement vers mon bureau, par ce sinistre crépuscule d'hiver, mes inquiétudes redoublaient. On eût dit le paysage, privé de joie et de lumière, enseveli pour toujours, dans les ténèbres, sans espoir de réveil. Ah ! l'aspect désolé que les boulevards extérieurs prenaient ce matin-là ! Je n'y voyais que sujets de tristesse et de mélancolie. Toutes ces bâtisses vermoulues qui n'échappaient à la ruine qu'en s'épaulant les unes contre les autres, rongées de lèpre et d'humidité, rendaient l'écho de ma détresse. Ces pans de murailles sordides, souillées d'affiches en loques, d'inscriptions et de profils orduriers, suaient le vice, la débauche et le crime. Ce n'était, partout, qu'échopes nauséabondes, débits minables, étals avariés, hôtels borgnes, entrepôts fangeux, chantiers de démolitions où se lisait l'horreur de la stagnation et du croupissement. D'immenses panneaux-réclame se levaient çà et là. Des placards géants suspendaient en l'air, au revers de hautes bâtisses, aux flancs des pignons vides, des figures répulsives, comme autant de démons surgis de l'enfer. A tout moment, revenait l'image effroyable d'un monstre à la chevelure hérissée, enseigne d'un chapelier célèbre, ou celle plus effroyable encore d'un Méphisto rouge, maniant un soufflet insecticide géant, clamant l'efficacité de la poudre à punaises Vicat, mais impuissant à réduire le flot de vermine environnant. Et, aussi, l'image hallucinante d'un Jean Bart, haut de quinze pieds, au geste foudroyant, devenu la firme d'un pacifique magasin de confections, sans compter la silhouette colossale et multipliée des pots à moutarde de la maison Bornibus, où les auteurs de ces décorations murales, semblaient avoir puisé l'ocre et l'agrément de leurs barbouillages. Il fallait que tout ici, jusqu'à l'art, fût prostitué et ne servît qu'à l'affliction des yeux.

Et ce n'étaient pas seulement les choses qui m'accablaient, c'étaient les visages rencontrés, visages puant le bagne et la cour d'assises. Des filles, hâves et décharnées, en guenilles, abruties de misère et d'alcool, allaient aux provisions du matin, aguichant, par habitude, les passants indifférents, leur boîte au lait à la main. Des vagabonds bleuis de froid, en quête d'un chapardage, traînaient leurs savates éculées dans la boue des ruisseaux. Toute une marmaille pouilleuse, grelottante et morfondue, destinée à perpétuer la douleur humaine, se dirigeait vers l'école, d'un pas las et rechigné, comme écrasée d'avance sous le poids de sa future et lamentable destinée. C'était l'heure où les boueux ramassent à la pelle, de porte en porte, un tas d'immondices putréfiées, les déjections de la nuit. Des charretiers, déjà ivres, convoyant des cadavres de bêtes ou des entassements de gadoues, juraient contre leur attelage, aveuglé d'une grêle de coups de fouet. Chacun ne se rendait au travail qu'en pestant, et les hommes se ruaient à la goutte matinale pour se donner du cœur.

Le jour s'éveillait à peine et déjà tout semblait écrasé d'un morne découragement comme en prévision du contingent habituel de drames qu'il apportait. Seules, les usines infatigables mettaient une sorte d'entrain rageur à empoisonner la ville et à souffler contre elle un ouragan de fumées empestées.

Comme un fleuve se grossit d'affluents dans son cours, ma mélancolie s'enflait à mesure de ce déroulement incessant de souillures et de tares. Je me sentais prisonnier d'un cauchemar. Comment imaginer qu'à deux pas de là, se dressaient des boulevards luxueux, des quartiers privilégiés, doués d'intelligence, égayés de richesse et de confort ? Comment imaginer, qu'à cette heure même, des gens heureux, se prélassaient, dans la tiédeur des draps, sous des rideaux somptueux et des lambris dorés, goûtaient des rêves d'or, voyageaient au pays des îles fortunées ? Comment imaginer qu'il y eut quelque part, au monde, des âmes fortifiées d'espoir et des cœurs satisfaits ? Que dis-je ? une simple notion de confiance et de certitude ? Le monde se réduisait pour moi à cet amoncellement de plâtras crapuleux. J'y nageais parmi les éléments de la déchéance et de la corruption. Paris n'était plus, à mes yeux, que la métropole du crime et de la pestilence, une Sodome ordurière étagée à l'horizon et j'en éprouvais une telle aversion qu'au moment de franchir la porte du commissariat, je crus y lire les mots que Dante vit flamboyer au seuil de l'enfer : *Laissez ici toute espérance !*

J'arrivais bien en avance, tant la fièvre m'avait chassé tôt du logis. Le commissariat ne s'ouvrait au public qu'à neuf heures. Il en était huit à peine. Le garçon de bureau achevait d'allumer les feux. Je m'installai dans mon cabinet et, pour changer le cours de mes idées, je me mis à dépouiller le volumineux courrier qui s'y entassait chaque matin. D'ordinaire, je me distrayais à cette opération, mais il était dit que ce jour-là, tout s'aigrirait entre mes mains. Ces documents judiciaires, ces dénonciations anonymes, ces plaintes, étaient autant de témoignages de la perversité, de la scélératesse humaines qui achevaient de me décrocher le cœur. J'y reniflais une odeur de sentine, un relent de chambrée, de suint, de bouc, d'étable à porcs. Suffoqué, je m'accoudai un instant, pour reprendre haleine, mais j'avais la tête si lourde et si lasse, que, d'une pente irrésistible, elle roula dans mes mains. Je ne sais combien de temps dura cet anéantissement.

J'en fus tiré par la voix de l'inspecteur Barbier.

— Une femme est là qui demande à vous parler.

— A quel sujet ?

— Je ne sais pas. Elle ne veut se confier qu'à vous-même.

— Quel genre de femme ?

— Une fille publique ramassée, cette nuit, dans une râfle par les « mœurs ».

— Pourquoi les « mœurs » ne l'ont-ils pas expédiée au dépôt, comme les autres ?

— Elle s'est refusée à monter dans la voiture cellulaire, sous prétexte d'une révélation grave à vous faire.

— Soit ! Qu'elle entre !

Bientôt la femme parut, petite, hésitante, frileusement enveloppée d'une mante à capuchon rabattu sur son visage.

— Asseyez-vous, fis-je. Je vous écoute.

Le nez baissé sur mon pupitre, je m'occupais à le déblayer des dossiers qui l'encombraient, en vue de la déclaration attendue, et je cherchais mon porte-plume glissé dans un lot de paperasses.

La femme se taisant, je levai les yeux. Elle avait dépouillé sa mante comme pour mieux recevoir la caresse du feu de la cheminée, découvrant un visage flétri, sans âge, et deux yeux douloureux qui me fixaient, chargés d'une interrogation muette. Puis, d'une voix basse, comme si elle craignait que l'écho ne s'en transmît, à travers la cloison, aux oreilles voisines :

— Vous ne me reconnaissez pas ?

Je l'examinai attentivement. Certainement, j'avais dû rencontrer, quelque part, cette crinière fauve, ce teint fragile de blonde, outragé par le hâle, ces pommettes de brique, ce nez en pied de marmite, et surtout ces « cils de lapin blanc », mais impossible d'y accrocher un nom ou un souvenir.

— C'est vrai, murmura-t-elle, j'ai tant changé depuis cinq ans... la misère et... le reste !

Alors, elle se nomma : Marie Gambier.

Ah ! Marie Gambier, l'amie de Verlaine, celle qu'il a chantée sous le nom de princesse Rouckine !... Oui, je la remettais, à présent, mais combien avilie, flétrie, usée, par la noce ! Elle logeait, jadis, cour Saint-François, rue Moreau, où j'allais voir Verlaine. C'est là qu'il l'avait connue, après la mort de sa mère, au temps de sa convalescence. Elle lui était apparue la première fois, vêtue d'une camisole rouge à pois blancs, sur une jupe pareille, qui lui donnait l'air « d'un petit incendie ». Elle était fraîche alors, et désirable, bien qu'elle fût déjà adonnée au vice, mais elle avait un ami qui subvenait généreusement à ses dépenses et qu'elle lâcha bientôt d'ailleurs pour le poète sans le sou, ce qui prouve qu'elle était capable de désintéressement. L'idylle avait duré quelques mois, traversée de disputes et d'orages. Marie Gambier ne s'était-elle pas avisée d'être jalouse ? Têtue et portée à l'alcool, en vraie Picarde qu'elle était, elle rendait la vie impossible à Verlaine qui, de son côté, n'était pas un modèle de sobriété et de patience, et cela finit, comme ça devait finir, par une scène de pugilat monstre où Verlaine n'eut pas le dessus, paralysé qu'il était de sa jambe, et la *princesse* s'était éloignée, pour ne plus reparaître, en proférant les pires menaces.

Elle reprit doucement :

— Je voulais vous demander des nouvelles de « monsieur Paul ». Après ce qui s'est passé entre nous (elle faisait allusion à la scène de rupture), il m'était défendu de le revoir, mais c'était un bon cœur. Je pense toujours à lui avec plaisir.

— Verlaine !... Je n'ai plus de ses nouvelles que par les journaux !

— Il vous aimait bien, pourtant !

— Et je le lui rendais, mais il n'est plus seul. Le voilà parti pour la gloire. Toute la jeunesse lui fait escorte. Mes soins ne lui manquent plus.

— Vous rappelez-vous, le soir où nous l'avons veillé très avant dans la nuit ? En dépit de sa jambe, il avait résolu d'aller tuer sa femme. Auguste (1) l'avait rencontré dans la rue, le revolver à la main. Il l'avait ramené de force en voiture. Vous étiez là qui l'attendiez, inquiet de son absence. Il ne reconnaissait personne, ivre et hagard. Et le mal que nous avons eu, à trois, à le dévêtir et à le coucher ! Vous l'avez calmé, à la fin, en lui récitant des vers et il s'est mis à pleurer comme un enfant. Il nous embrassait les mains en nous demandant pardon.

____

(1) C'était un garçon de café du voisinage.

Je me souvenais, en effet. J'avais calmé le maître en lui remémorant ses propres vers :

Soyez béni, Seigneur, qui m'avez fait chrétien,
Dans ces temps de féroce ignorance et de haine,
Mais donnez-moi la force et l'audace sereine
De vous être à toujours fidèle comme un chien.

De vous être l'agneau destiné qui suit bien
Sa mère et ne sait faire au pâtre aucune peine,
Sentant qu'il doit sa vie encore après sa laine,
Au maître, quand il veut utiliser ce bien.

et il avait fini par s'endormir, tandis qu'Auguste, mauvaise tête et bon cœur, voyant qu'il n'était plus utile, s'en était allé en criant, irrité de ses manchettes déchirées dans la lutte et de sa cravate perdue : « Qu'est-ce qui m'a fichu un client comme ça ? »

Et, lancée dans la voie des souvenirs, la femme ne s'arrêtait plus :

— Vous rappelez-vous le père Chauzy (le patron de l'établissement), ses gosses... l'aîné, Pierrot, qui houspillait les clients et crachait dans les salières ?... Ah ! c'était le bon temps !

Et, ce disant, je la retrouvais avec sa mine malicieuse et fûtée de jadis.

Je m'étonnais à quels détails tristes et vulgaires elle rapportait cette expression du *bon temps*, et que le galetas du père Chauzy ait pu servir de cadre à des souvenirs heureux. Il suffit donc d'un recul des choses pour les transfigurer, puisque moi-même j'étais bien près de l'approuver. Pour elle, le bon temps c'était six ans de bagne de moins sur les épaules, pour moi c'était celui où j'avais pris contact avec le génie et où je pouvais m'écrier, sans rougir, sûr de rencontrer des échos bienveillants : « Et moi aussi, je suis poète ! »

Je n'étais guère plus gâté des dons de la fortune à cette époque que je ne le fûs depuis et je traînais déjà, avant d'appartenir à l'administration, le boulet d'une vie mesquine et sans horizon, mais je sentais le bouillonnement de la jeunesse ; je pouvais m'enivrer, tout mon saoûl, d'espoirs et de chimères ; laisser chanter mes rêves et courir librement, le cœur fervent et les deux bras tendus, au-devant des Muses qui m'appelaient.

Ces temps étaient tout proches et déjà si loin pourtant ! Le poète avait dû refermer sa fenêtre et replier ses ambitions. Adieu ! les songes de gloire, les cortèges fleuris de palmes entrevus, les trompettes triomphales espérées et la coupole illuminée du temple. Finies, les nobles discussions, au chevet de Verlaine ; finies, les libres échappées au pays de Bohême, les exaltations lyriques, au clair de lune, les vers récités à pleine voix, au sortir des brasseries, dans les rues silencieuses, entre compagnons, joyeux, grisés de mirages, d'enthousiasme et d'alcool !

— Vous étiez un vrai boute-en-train ! poursuivait la femme.

Et cette réflexion, qui me déplut dans la circonstance, lui était sans doute suggérée par mon air présent, morne et glacé.

— Oui, un vrai boute-en-train ! Vous nous avez bien fait rire à ce bal du 14 juillet, que les locataires avaient organisé dans la cour. Vous avez fait danser Verlaine qui sautillait sur une jambe.

Ce soir du 14 juillet était resté dans ma mémoire. J'avais trouvé Verlaine en bonne société, dans le débit du père Chauzy ; une véritable tablée d'élite. Il y avait là, le père Gadot, personnage à la Balzac, ancien notaire de province devenu, après une suite de revers, agent d'affaires véreux à Paris et coulissier marron ; mais à qui ses malheurs n'avaient rien enlevé de son entrain gascon et de sa pétillante bonne humeur. Il y avait là, le père Hulmot, ancien chanoine, qu'une malheureuse faiblesse des sens avait fait interdire, alors qu'il était question de lui pour la soutane violette. Il avait gardé le geste onctueux, une allure pieuse et ne manquait jamais d'entonner le *Benedicite* lorsqu'on apportait le pain sur la table, fût-ce pour manger des huîtres en galante compagnie.

J'étais émerveillé de sa science, il me commentait Platon dans le texte grec et je m'en réjouissais d'autant plus qu'il n'avait paru jusqu'alors, du célèbre philosophe, que des traductions expurgées. Je ne me lassais pas de l'entendre, tant il avait de lumières sur tout. C'était une vaste intelligence et le seul de tous les ecclé-

siastiques que j'aie connus, capable de me réconcilier avec la foi, si la foi n'était pas une grâce
d'état. Il m'avait jeté dans la lecture des pères
de l'église et des orateurs sacrés. Il m'avait emballé pour saint Augustin et il me démontrait
combien le clergé, par ignorance ou pour les
besoins de sa cause, avait altéré et torturé les
textes saints. Je l'entendis, un soir, dans la
chambre de Verlaine, réciter par cœur une orai-
son funèbre de Bossuet, avec une véhémence
qui nous faisait revivre l'aigle de Meaux lui-
même et respirer l'atmosphère du grand siècle.

Il y avait là plusieurs poètes : Édouard Dubus,
Fernand Langlois, le romancier Henri d'Argis,
flanqué de deux fils à papa, jeunes freluquets,
lustrés et vernis, alléchés par la légende de
Verlaine, dont la réputation commençait, et
venus pour le considérer en bête curieuse.

Il y avait là, surtout, Villiers de l'Isle-Adam,
petit homme jovial, à la barbiche grisonnante,
aux yeux rusés, d'une mobilité inquiétante, et qui
ne tarissait pas d'anecdotes croustilleuses et
d'épigrammes salées, qu'il composait, à la minute, en se jouant. Toute la tablée s'en amusait, à l'exception d'un jeune homme fashion-
nable, rose et blond, aux grands yeux verdâtres,
très doux, presque virginaux, d'une correction
parfaite et que ce débordement de gaillardises
semblait importuner. J'imaginais quelque important personnage, un grand-duc en tournée.
Je brûlais de savoir son nom. Mes voisins

l'ignoraient. Je lui adressai la parole à plusieurs reprises. Il ne me répondait que par monosyllabes comme s'il redoutait de s'encanailler et de lier commerce avec le premier venu. Ce n'est qu'après son départ, que j'interpellai Pierrot à son sujet. Le gosse me répondit avec son assurance de gavroche :

— Vous ne connaissez pas Charlot ?... C'est un *mec* de la place Maube. Même qu'il sort de Mazas !

Je n'insistai pas davantage. Il m'était donné de vérifier une fois de plus combien il est vain de se fier aux apparences, et qu'au milieu d'une tablée de poètes et de gens du monde, la palme de la distinction et du savoir-vivre peut sembler échoir à un vulgaire marlou, échappé de Mazas.

— A ce bal. continuait la fille, un peu gênée comme si elle redoutait l'effet de son indiscrétion, vous m'avez fait danser.

Ça, je ne m'en souvenais plus. J'énonçai avec une pointe d'humeur :

— « C'est possible... j'ai dansé avec tout le monde », et j'avais bien envie d'ajouter : « J'aurais dansé même avec le diable », mais un scrupule me retint sur la pente de la goujaterie. Je me contentai de dire avec animation : « Sophocle aussi dansait ! »

Cette réflexion insolite ne s'adressait pas à la fille, incapable d'en comprendre la nature et le sens. Le nom de Sophocle qu'elle ignorait, n'était pas fait pour l'émouvoir. Ma réflexion s'adressait au portrait de Sadi-Carnot, alors président de la République, accroché au mur, et dont la figure réfrigérante de nature, semblait s'être encore allongée et rembrunie, sur le coup de cette révélation. C'est vis-à-vis du premier magistrat de la République Française, gardien des institutions, mon chef suprême, que j'éprouvais le besoin de m'excuser, en me couvrant d'un patronage impressionnant.

Mon interlocutrice semblait navrée de mon indifférence. Elle précisa :

— « Vous m'avez donné une cocarde tricolore que j'ai conservée ». Elle tira de son corsage un nœud fané. « Je le mets-là, expliqua-t-elle, pour que les agents n'y puissent porter leurs sales mains, ça me ferait trop de peine. »

Qu'espérait-elle de ce manège ? Était-ce une ruse de coquette retorse ? J'en pris de l'aigreur et sans même vouloir considérer la relique qu'elle m'offrait, je jugeai à propos de tourner bride :

— Ne vous abusez pas sur mon compte. Ne vous imaginez pas que notre rencontre ancienne puisse vous créer dans le quartier une situation de faveur.

— Oh ! interrompit-elle, je n'ai jamais pensé à cela. La loi est la loi et je ne voudrais pas vous causer des ennuis. J'ignorais ce que vous étiez devenu. C'est une camarade qui vous a désigné à moi, ces temps derniers, un soir que vous passiez sur les boulevards. Je n'ai pas voulu vous

border pour ne pas vous compromettre à ses
eux. Depuis, je vous ai guetté, seule, vainement.
’avais besoin de vous voir. Je n’osais venir ici.
l a fallu cette arrestation pour me décider, mais
e ne vous demande même pas, encore que j’aie
’té arrêtée injustement et que je sois en règle,
de me remettre en liberté.

’Touché de cette humilité, je sentis le besoin
d’atténuer la sévérité de mes paroles :

— Je sais que vous n’êtes pas une méchante
fille, mais votre métier vous met à la discrétion
des agents et, si disposé que je sois à vous
rendre service, les occasions d’arrestation sont
trop nombreuses pour que je puisse parer à
toutes. D’ailleurs les agents ont le droit de
vous expédier directement au dépôt, sans passer
par le commissariat ; ces messieurs sont parfois chargés d’enquêtes difficiles ; ils ont souvent besoin de renseignements. Vous pourriez
peut-être trouver là un moyen de vous les concilier.

La fille, soudain raidie, me jeta, dans un
mouvement de révolte :

— Je ne mange pas de ce pain-là !

J’encaissai le coup sans broncher.

— Vous avez raison, fis-je. Pourtant n’étiez-
vous pas venue me faire une dénonciation ?

— C’était un prétexte pour vous approcher.
Les agents sont si méfiants !

— Vous me disiez tout à l’heure encore :
« J’avais besoin de vous voir. »

— Oui.

— Pourquoi ?

— Pour rien...

Et, comme j'insistais :

— Vous ne pourriez pas comprendre... C'est une idée qui m'a passé comme ça par la tête. Je suis si seule, si abandonnée... Je ne vois que des gens qui m'exècrent et me jettent la pierre... Je venais retrouver, une dernière fois, auprès de vous, l'image de monsieur Paul et de mes bons moments.

— Pourquoi dites-vous *une dernière fois* ?

— Parce que...

Et je vis qu'elle pleurait.

— « Voulez-vous me faire donner mon mouchoir ? » supplia-t-elle.

Son mouchoir était resté aux mains des agents dans la salle commune. Il avait servi à empaqueter son « dépôt ». J'allai le quérir moi-même et revins le déplier devant elle. Toute sa fortune était là-dedans : une pelote de fil, des aiguilles, un bâton de rouge, un peu de poudre de riz dans un cornet de papier, un porte-monnaie vide.

Ému de cette détresse, je tirai du gousset de mon gilet, les quelques pièces de monnaie qui s'y trouvaient et les lui tendis. Elle les repoussa du geste.

— Oh ! monsieur Renaud (c'est ainsi qu'elle prononçait mon nom) je n'aurai jamais cru cela de vous... Alors vous croyez que c'est pour ça ?...

Et ses larmes redoublèrent.

Allons ! il était dit que j'entasserais ce matin-là, gaffe sur gaffe, et que je devais recevoir d'une fille publique une double leçon de délicatesse et de dignité. De nouveau, je me fis conciliant et paterne :

— Mais pourquoi diable vous obstiner à ce fichu métier ?

— Que voulez-vous que je fasse ?... J'ai essayé... bonne à vingt francs par mois... de la couture à vingt sous par jour... c'est trop dur et puis... vous le savez bien... je bois !

— Ah ! fis-je naïvement, incapable de trouver autre chose.

— Je bois... pour m'étourdir et me donner des forces.

— Il ne faut plus boire, dis-je plus naïvement encore.

— « Comment y échapper ?... Mon père et ma mère buvaient... Ah ! la chienne de vie ! » Et dans cette dernière expression, je reconnaissais le refrain de Verlaine. Elle avait retenu le mot de lui et l'exhalait sur le même ton de dépit concentré.

J'étais si humilié de ma piteuse attitude que je n'avais plus qu'un moyen d'en sortir : rompre l'entretien.

— Pour cette fois, dis-je (sans réfléchir que cette formule usitée décelait à nouveau mon insuffisance et ma vulgarité) *pour cette fois,* vous êtes libre. Rentrez chez vous !

Elle se leva, ramassa son bien qui traînait épars sur mon bureau, renoua sa mante, en rabattit le capuchon, puis marcha vers la porte, mais au moment de l'ouvrir, elle se ravisa, et, retournée, me dit, craintive :

— Monsieur Renaud ?...

— Quoi ?

— Aidez-moi... je n'ose pas...

— Allez toujours !

— Je voudrais... je voudrais... vous serrer la main !

Je ne savais que répondre. Une lutte se livrait en moi. Le poète eut volontiers embrassé cette bonne et généreuse fille sur les deux joues. L'aspirant magistrat se cabrait. Il se demandait ce qu'eût pensé de ce geste, le président Carnot dont le portrait le surveillait du haut de la cimaise et ce qu'en eût pensé M. Lozé, le préfet de police dont l'image lui donnait la réplique. Qu'en eût pensé la République elle-même, dont le buste en plâtre décorait la cheminée ? C'eût été un scandale tel que certainement les murs du commissariat s'en fussent écroulés. Je m'arrêtai à un moyen terme. J'abandonnai ma main à la fille, mais une main si molle, si indifférente, si morte, qu'au lieu du réconfort espéré, elle put y y lire une répulsion et un outrage.

La porte s'était ouverte.

— Laissez passer madame, criai-je à l'inspecteur et délivrez reçu aux agents !

Elle s'éloigna, secouée de sanglots.

— Adieu !

Il me sembla qu'elle avait dit « adieu » en franchissant le seuil de la porte. Ce mot m'obsédait d'un noir pressentiment. Je revins m'asseoir à mon pupitre, troublé, aigri, plus mécontent que jamais.

Pour pénitence, je me récitai les versets du poète :

« Vous, prostituées qui vous pavanez sur les trottoirs ou qui vous livrez au premier venu ;

« Qui suis-je pour me déclarer supérieur à vous-mêmes?

« Sois calme, sois à l'aise, avec moi, humble fille des rues, je suis Walt Whitman, libéral et robuste comme la Nature ;

« Jusqu'à ce que le soleil te rejette, je ne te rejetterai pas ;

« Jusqu'à ce que les eaux refusent de t'abreuver et les fruits de te nourrir, je ne refuserai pas d'être ton refuge et ton appui. »

La pauvre fille avait tenu parole. Je ne la revis plus. Je sus plus tard qu'elle avait délogé le jour même du garni qu'elle habitait et disparu du quartier. Le service des mœurs avait perdu ses traces. Sans doute avait-elle partagé le destin d'Ophélie et cherché dans la mort un refuge à ses maux. Que la terre lui soit légère et que les dieux aient pitié de son âme ! C'était la plus misérable des créatures. Elle avait eu pourtant la bonne fortune d'inspirer un poète de génie. Elle revit dans ses vers :

> Follement blonde et d'une allure
> Vénuste, à tous nous débaucher.

avec la perfection de son corps :

> Son cher corps rare, harmonieux,
> Suave, blanc comme une rose
> Blanche, blanc de lait pur et rose,
> Comme un lys sous de pourpres cieux.

Ainsi se bâtissent les légendes. Quand il ne restera plus rien des témoignages vivants, que les strophes de Verlaine, les peintres et les sculpteurs y allumeront leur ferveur, et il se peut que cette pitoyable fille de joie, devenue dans l'imagination des foules, l'égale des Béatrice, des Laure et des Elvire, fasse rêver les jeunes hommes futurs et leur rende le front pensif.

XIX

UNE VISITE A FRANÇOIS COPPÉE

J'ai dit de quelle aigreur, à propos des *Cornes du Faune*, j'avais reçu les éloges de la critique et de quel cœur résolu j'avais repoussé les avances de nos littérateurs les plus en renom. Je m'abstîns de leur répondre. Je ne fis exception qu'en faveur de François Coppée. Encore était-ce pour décliner l'invitation qu'il m'avait adressée d'aller le voir. J'avais pris soin, en raison de sa lettre, particulièrement instante et cordiale, d'atténuer, d'un prétexte plausible, l'impolitesse du refus. J'excipai de ma condition servile. « Prisonnier d'un bureau » lui disais-je, usant de la propre expression rencontrée dans ses vers, et sans préciser davantage, « je ne dispose d'aucun loisir. » Ce à quoi il m'objecta, par retour du courrier : « J'imagine que vous n'êtes corvéable qu'en semaine et, qu'au surplus, votre écrou se desserre à l'heure des repas. Je vous attends à déjeuner, dimanche prochain ». Précisément, ce dimanche-là, j'étais libre. Je ne me défends pas d'un peu de superstition. Je crus lire, dans cette circonstance

fortuite, une injonction du ciel. J'acceptai
la rencontre. Et puis, au fond, il faut bien
l'avouer, je me sentais attiré vers Coppée par
une affinité secrète.

Ce que je savais de lui, son enfance comprimée
pauvre et sans joie, son père paralysé, la nécessité d'interrompre ses études pour gagner sa
vie de bonne heure et subvenir à l'entretien
des siens, ses deux années de stage, sans solde,
au ministère de la Guerre, son passé de « rond-
de-cuir » modeste et résigné, tout contribuait
à me le rendre sympathique et ses livres avaient
enchanté mon enfance. Je les avais lus sur les
bancs de l'école, en me cachant des professeurs,
ce qui ajoutait à leur agrément la saveur du
fruit défendu. J'avais été conquis d'emblée,
par cette poésie familière et de plain-pied,
qui traduisait mes impressions de « pâle enfant
du vieux Paris » comme elle devait traduire,
plus tard, mes nostalgies de salarié subalterne,
croupissant, à l'attache, dans la moisissure des
bureaux. Mes enthousiasmes d'enfant s'étaient
jetés éperduement sur ses vers,

> graves historiens
> De ce que la plupart appelleraient des riens

mais de ce qui, pour moi, j'en atteste les dieux,
constituait déjà bel et bien l'essentiel. C'est
Coppée que je retrouvais dans mes flâneries
à travers les ruelles du faubourg natal, mes

échappées en banlieue. C'est, à travers lui, que j'admirais au sortir de la classe :

Un calme ciel d'octobre à cinq heures du soir

et, sur les talus des fortifications, où nos maîtres nous menaient en promenade :

Septembre au ciel léger, taché de cerfs-volants.

J'y berçais mon besoin d'horizons. J'y revivais l'ivresse de mes vacances à Trianon :

Le salon Louis seize
S'ouvre sur un jardin correct à la française

l'éblouissement reçu, à mon aurore, de tant d'intérieurs fastueux :

C'est un boudoir meublé dans le goût de l'empire.

Et lors des éveils de la puberté, c'est chez Coppée que j'alimentais mon goût précoce de tendresse et de mélancolie :

O figure voilée et vague en mes pensées,
Rencontre de demain que je ne connais pas
Courtisane accoudée aux débris d'un repas
Ou jeune fille blanche aux paupières baissées !

Je m'éprenais tour à tour des silhouettes fines ou dolentes qui passent dans ses vers : la belle amazone, liant son cheval à la grille du parc ; la jolie promeneuse, à l'ombrelle éblouissante, traversant les blés ou descendant l'escalier de sa villa ; la Parisienne élégante, respirant, au bois, sous ses fourrures, un bouquet de violettes ; la vierge, à son premier bal, abandonnée aux bras de son valseur ; les jeunes demoiselles dans la cour ombragée du pensionnat ; la pâle convalescente, appuyée à la rampe de la terrasse, devant le crépuscule et frissonnant sous son châle ; sans oublier la petite ouvrière qui coud en chantant à sa fenêtre, ni celles qui, dans la rue, s'arrêtent, éblouies à la vitrine des joailliers.

Et j'éprouvais, en lisant ses *Contes,* où il me parlait de veuves, d'émigrants, d'aïeules délaissées, des déshérités du sort,

> Tout ce que la souffrance a de cher et de doux

Je savais gré au poète d'avoir le premier recueilli

> Toutes les faibles voix gémissant dans l'épreuve.

En avançant en âge, mon attachement croissait pour ces poèmes, car je me pénétrais davantage de leur qualité de facture et j'admirais de quels traits de style heureux, le poète savait, à l'occasion, relever le détail vulgaire et douer de lyrisme la plus plate réalité. Mon admiration pour Coppée ne s'est jamais démentie. Lorsque je débutai dans les lettres, il était de bon ton, chez les jeunes, de s'en moquer. On traitait son art de futile. On n'y voulait voir qu'une grossière imagerie d'Épinal, bonne tout au plus à distraire les cerveaux primaires et les filles de concierge. On se gaussait fort de la *Grève des Forgerons* et du *Petit épicier de Montrouge*, où on l'accusait d'avoir excédé les limites du ridicule. Et je m'en étonnais d'autant plus, que je retrouvais son influence chez les plus déterminés de ses détracteurs et chez les lyriques échevelés que la vogue nous proposait pour modèles. Il y a du Coppée chez Jules Laforgue, chez Laurent Tailhade, chez Francis Jammes comme il y en avait chez Rimbaud, chez Cros et chez Verlaine, comme il y en aura chez Guillaume Apollinaire. Et que trouvons-nous aujourd'hui au fond des tentatives des «Dadaïstes» les plus révolutionnaires, si ce n'est l'art de Coppée exagéré, poussé jusqu'à la caricature? Vraiment ces modernistes à outrance qui chantent l'automobilisme, le métro, la tour Eiffel et les bars de Montmartre sont bien mal venus à railler Coppée d'avoir célébré les impériales d'omnibus, les bateaux-mouches, les terrains vagues de banlieue et les guinguettes de la zone, où l'on entend, parmi le chaos des rires et des voix,

> Et du vent fugitif dans les ramures noires
> Le grincement rythmé des lourdes balançoires.

Je veux bien que Coppée côtoie souvent le prosaïsme et qu'il verse parfois dans un excès de miévrerie, mais n'a-t-il pas des coins d'une nostalgie délicieuse où l'on respire :

Le charme triste et pur de l'automne et du soir.

et des poèmes d'une musicalité si suggestive qu'ils laissent dans l'oreille le souvenir d'une caresse impérissable ? Telle la pièce liminaire des *Intimités* :

Afin d'évoquer mieux vos charmes endormeurs...

ou encore :

Je suis comme un enfant volé par des tziganes.

et tant d'autres.

Non je ne me résoudrai jamais à considérer l'auteur du *Reliquaire*, des *Intimités* et du *Passant* comme un poète négligeable. Aujourd'hui encore, je me délecte à sa lecture. Et, après tout, si c'est un vice d'aimer Coppée, je n'en veux pas démordre et je m'y carre avec satisfaction. Chacun prend son plaisir où il le trouve et ce n'est pas pour un quarteron de cuistres et de pédants grincheux, que j'irais bouder ma fantaisie.

Au moment où Coppée m'invitait à l'aller voir, il était à l'apogée de sa gloire. Le plus en vue des Académiciens, il agissait sur l'opinion par la presse et le théâtre. Je ne m'éblouissais pas de tous ces titres ou du moins, je les oubliais. Je n'avais que faire de son influence.

Il ne me vint même pas à l'idée qu'il pouvait, en quoi que ce soit, m'être utile. Tout son éclat se fondait pour moi, dans une impression de bonhomie. Le poète seul me requérait, à qui je devais mes meilleurs moments. N'étais-je pas de son gibier ? N'étais-je pas l'un de ces humbles vers lesquels l'inclinait une généreuse pitié, l'un de ces souffrants anonymes, de ces petits martyrs ridicules, suppôts du carton-vert, auxquels il avait fait si largement l'aumône de sa compassion ? Il me semblait que j'allais voir un confesseur indulgent, un conseiller averti et pour tout dire, un vieil ami.

Si ennemi que je sois des visites officielles, c'est donc sans trop d'anxiété, que le dimanche en question, sur le coup de onze heures, je me rendis, rue Oudinot, au rendez-vous assigné.

Coppée occupait là un rez-de-chaussée formant pavillon, entre cour et jardin. Il y vivait en vieux garçon, en compagnie de sa sœur Annette. C'est elle que je crus reconnaître dans la personne âgée, à la mine humble et au bonnet de servante, qui vint m'ouvrir, et qui l'était, en effet.

— Entrez, me dit-elle, dès que j'eus décliné mon nom, M. Coppée vous attend et sera réjoui de vous voir.

Et sur ces paroles, éclairées d'un pâle sourire, fruit évident d'une consigne donnée, elle me fit pénétrer, du geste, à travers le vestibule, orné de plusieurs bustes du poète, dans le salon, chargé de livres et de bibelots, où se jouait un rayon de soleil d'avril et le reflet des lilas du jardin.

J'y étais à peine installé que le maître parut, en veston de velours, la cigarette aux lèvres, tout débordant de jovial accueil. Il m'entreprit sur un ton de camaraderie, presque de tutoiement, qui eût achevé de me mettre à l'aise si j'en avais eu besoin. Il m'accabla, sur mes vers, d'éloges démesurés et, m'offrant une cigarette qu'il voulut allumer lui-même, me fit asseoir à ses côtés. Je le contemplais avec intérêt. Je reconnaissais ce masque glabre, popularisé par les journaux, ce long profil mâle, anguleux que la mélancolie du regard enveloppait d'une grâce plaintive, cette lèvre mince et crispée des gens qui ont souffert, cette lèvre aux deux coins d'amertume, dont le sourire prenait l'air d'une ride ajoutée au visage. Je ne voulais voir là que les traces d'une misère abolie, mais l'abandon de la causerie me révélait, bientôt, un cœur rongé d'ennuis présents. Comme je congratulais mon hôte d'être parvenu au zénith de la célébrité.

— Oh! m'insinuait-il, ne vous fiez pas à l'éclat de la façade. Mon bonheur n'est qu'apparent. Je suis un éternel persécuté et je ne vous souhaite pas d'essuyer mes tribulations.

Et j'étais un peu surpris d'entendre ce triomphateur parler de sa mauvaise étoile. Mais ne devais-je pas entendre, plus tard, cet autre triomphateur, Edmond Rostand, exprimer les mêmes doléances et se ranger parmi les victimes du *guignon* sur lesquelles, dans un poème célèbre, s'est apitoyé Mallarmé ?

D'ailleurs Coppée n'accentuait pas sa plainte. Il l'esquissait seulement, en homme résigné et revenu de tout, sauf des beaux vers. C'est, pour ainsi dire, en sourdine, qu'il me contait ses débuts difficiles, ses doutes, ses scrupules, ses premiers vers (même une comédie en trois actes) jetés au feu ; l'impression, à ses frais, du *Reliquaire* et des *Intimités*, sombrés, d'abord en pleine indifférence et dont ni la presse ni le public n'avaient daigné s'émouvoir.

— Ils devaient, m'exclamai-je, s'émouvoir du *Passant*.

— Certes! le succès fut éclatant. J'y gagnai la notoriété, la protection de la princesse Mathilde, et, par elle, le poste de bibliothécaire au Sénat qui me sortait de la gêne. L'avenir s'éclaircissait, mais, comme tout se paye, ici-bas, je tombai gravement malade d'une pneumonie, dont j'avais contracté les germes au sortir de la représentation du *Passant*. Je m'étais attardé à féliciter mes interprètes, laissant passer l'heure du dernier omnibus et, sans avoir en poche, de quoi fournir à la dépense d'un fiacre. De l'Odéon à Montmartre, où je logeais alors, il y a loin. Il me fallut accomplir la traversée, à pied, insuffisamment vêtu, par un froid glacial de janvier. Je grelottais de fièvre en arrivant.

« Quelques jours de repos, pensais-je, il n'y paraîtra plus ». Effectivement je ne tardai pas à reprendre mes occupations et il me fut permis d'assister à une soirée des Tuileries où le *Passant* figurait au programme et où l'Empereur daigna me complimenter et me faire espérer ma prochaine nomination dans l'ordre de la légion d'honneur. Cette nuit-là encore, je dus, pour les mêmes causes, affronter l'inclémence de la saison. Mal guéri de ma fièvre, une rechute se produisit, terrible, et qui fit craindre pour mes jours. Dès que je fus transportable, on m'expédia dans le Midi. Convalescence longue et pénible où la torture morale s'ajoutait aux souffrances physiques, car je me figurais incapable à jamais de reprendre la plume. Enfin, la santé revint et les applaudissements. J'ai la joie d'apprendre, du fond de mon exil, la réussite de *Deux douleurs* au Théâtre-Français. Je rentre à Paris, plus décidé au travail que jamais, mais aussitôt la guerre éclate. La défaite entraîne la chute du régime. Je perdais mes protecteurs, la croix attendue, le bénéfice d'une situation acquise. Le monde, dès lors, avait bien autre chose à faire que de s'occuper de mes vers. Mon nom, lui-même, risquait d'être oublié dans la tourmente. Tout était à recommencer. Et lorsque, la paix signée et l'ordre rétabli, je revins à la scène, avec *Fais ce que dois* et les *Bijoux de la délivrance*, je ne retrouvai plus mon public d'avant-guerre. On eût dit que les esprits étaient ailleurs. J'eus même à déplorer le four noir de l'*Abandonnée* au théâtre du Gymnase (le 13 novembre, date fatidique), qui me fit douter de moi et me laissa dans un abattement profond.

— Mais depuis, fis-je, résolu à dérider mon hôte, quelle éclatante revanche! Et quelle série de victoires, depuis le *Luthier de Crémone* jusqu'à *Sévéro Torelli*.

— Savez-vous, interrompit Coppée, que *Sévéro Torelli* me fut assez brutalement refusé par le Comité de lecture de la Comédie-Française et que cette vénérable institution brime jusqu'à mes pièces inscrites, chez elle, au répertoire? C'est Coquelin qui mène le branle contre moi. A cause de cette hostilité ambiante, j'ai dû me démettre de mes fonctions de bibliothécaire de la Comédie, comme je l'avais fait au Sénat, mais, alors, c'était pour céder la place à Leconte de Lisle, qui en avait plus besoin que moi.

J'admirais ici le bon cœur de Coppée et je songeais combien cet oubli de soi-même lui avait réussi au cours de sa carrière, preuve nouvelle de ce que je me tue à dire, à savoir que chacun de nos actes porte, dès ici-bas, sa sanction.

Une part des éclatants succès du théâtre de François Coppée revient aux interprètes qu'il savait choisir et qu'il allait dénicher du fond de leur obscurité, par obligeance, pour leur donner l'occasion de se produire. C'est lui qui nous révéla Sarah Bernhardt, Segond-Weber, Wanda de Boncza, Albert Lambert, Jacques Fenoux. N'était-ce pas un fait digne de louange de voir cet auteur applaudi, en possession de dicter ses décisions et d'atteler à son char tous les *as* de la scène, confier sa fortune aux mains de débutants? Désintéressement bien rare, qu'on est guère habitué à rencontrer chez nos auteurs en vogue. Ah! que plus tard, instruit par son exemple, Edmond Rostand, n'a-t-il imité la sagesse de Coppée! Rostand, lui, ne voulait s'adjoindre que des vedettes consacrées, comme un surcroît d'atouts dans son jeu. Il y voyait un moyen de forcer la chance et cela devait finir par lui jouer un mauvais tour. Lorsqu'avant la fin de la représentation de *Chantecler* qui fut un désastre, le poète, en proie à une crise de désespoir, quittait sa loge dont il faisait claquer les portes, criant à la trahison de ses interprètes, il n'avait pas tort, mais il ne pouvait s'en prendre qu'à lui-même. Les dieux l'avaient cruellement puni de ses calculs infatués. Il n'est pas question d'incriminer, à ce sujet, le talent d'un Guitry ou d'une Simone, mais rien n'était plus éloigné de leur nature que le lyrisme de *Chantecler*. On avait rassemblé toutes les célébrités de la rampe. Une seule artiste avait été acceptée à contre-cœur, parce qu'émigrée d'un théâtre populaire : l'*Ambigu*. On ne lui avait confié qu'un bout de rôle.

et c'est la seule (Marthe Mellot) qui se soit montrée à hauteur de la tâche. Elle n'avait que quelques vers à dire. Ce fut un enchantement, unique éclair de cette soirée morne et fastidieuse. Et pourtant je persiste à considérer *Chantecler* comme une belle œuvre et je suis d'avis que la pièce eût triomphé, si moins imbu de snobisme, Rostand eût consenti à quêter, autour de lui, fut-ce parmi les inconnus et les débutants, fût-ce, comme le fit Coppée, pour Segond-Weber, parmi les élèves du conservatoire, des protagonistes moins en désaccord avec ce qu'ils avaient à dire. Ni Guitry ni Mme Simone n'y eussent rien perdu. Rostand et ses admirateurs, dont je suis, y eussent tout gagné.

— Oui, poursuivait Coppée, à la Comédie comme à l'Académie, je suis en butte à mille petites tracasseries sournoises et le gouvernement lui-même s'en mêle puisqu'il a interdit la représentation du *Pater*. On m'a accusé de chercher un scandale politique parce que l'action se passe sous la Commune, mais que devient la liberté d'opinion reconnue par la déclaration des Droits de l'Homme ? Il me fallait pour cadre une époque de guerre civile. M'eût-on toléré davantage de reporter la scène aux massacres de la Saint-Barthélemy ou de Septembre 1792 ? Cette ridicule mesure ministérielle a d'ailleurs été nettement réprouvée par la presse de tous les partis et m'a réconcilié avec Alexandre Dumas fils. Nous nous étions brouillés depuis la *Princesse de Bagdad* dont j'avais parlé dans mon feuilleton avec une brutale franchise. Que voulez-vous ? Je ne sais pas mentir, même à mes amis.

— Et puis, conclut-il, en jetant dans le cendrier sa cigarette à demi consumée, au fond, je ne m'émeus guère de tout cela, pas plus que de l'ironie des esthètes des petites revues qui me contestent jusqu'au nom de poète. Je n'écris pas pour mes confrères. Je n'ambitionne que de m'ouvrir l'âme des simples.

L'heure de se mettre à table avait sonné. Coppée, d'une poussée amicale, m'introduisit dans la salle à manger, pimpante et fleurie. Trois seuls convives : Annette, le maître et moi. Un fumet délicieux, venu de la cuisine, m'aiguisait l'appétit.

Les hors-d'œuvre expédiés, une volaille dodue et rissolée à point fit son apparition triomphale, couchée sur un lit de cêpes parfumés, à laquelle je me proposais de faire largement honneur lorsqu'un incident vint en disposer autrement. Coppée aimait les chats. La maison en était pleine. Une horrible chatte, alléchée par l'odeur, jaillit soudain de la cachette où elle se dissimulait, sous la housse d'un fauteuil, pour sauter sur la table. C'était une bête malade, portant des traces de gale et, sous son ventre, comme attachée à un fil, une écœurante tumeur. On la fit descendre, pas assez vite pour qu'elle n'ait eu le temps de se secouer et d'inonder la nappe d'un déluge de poils. Il en tournoyait autour de la saucière et du plat fumant, avec la hâte évidente de s'y plonger. Je n'avais plus faim et comme un malheur n'arrive jamais seul, j'appréhendais le second qui, effectivement, ne tarda pas à se produire.

Annette ne disait rien. Elle se bornait à épier son frère du coin de l'œil, attentive à ses moindres gestes et à ce que le plus menu détail du service fût réglé selon ses souhaits. Au cours du repas, Coppée éprouva le besoin de la mettre au courant d'une visite imprévue, reçue le matin même, durant qu'elle vaquait aux provisions. Leur vieil ami X... était venu solliciter sa protection. Il se trouvait innocemment compromis dans une vente de faux tableau, pour laquelle il avait servi d'intermédiaire. Sa bonne foi ne faisait aucun doute, mais il se voyait, à ce sujet, tracassé par la police qui s'obstinait, prétendait-il, à l'inculper de complicité d'escroquerie. Et Coppée s'en indignait.

— Peux-tu comprendre cela ? demandait-il à Annette. Un si brave homme ! Se voir menacé de prison à la fin d'une vie intègre et de labeur. Il voulait m'entraîner au commissariat de police pour témoigner en sa faveur. J'ai refusé. Je me soucie peu d'avoir affaire à la clique policière. Ces gens-là me répugnent. Leur seul contact déshonore. C'est fripouille et compagnie!

Et s'animant à mesure qu'il parlait, Coppée se mit à exhaler son mépris des gens de police avec une véhémence telle que je ne savais plus quelle contenance tenir. Il ignorait mes fonctions. Comment, après cela, lui en faire l'aveu ? Si je me taisais et qu'il vînt à en être informé, un jour ou l'autre, ce qui ne pouvait faillir, comment interpréterait-il mon silence ? Mieux valait dénouer la situation sur l'heure et, tout à coup, comme au milieu de sa diatribe enflammée, il me fixait du regard, semblant quêter mon approbation, je pris mon courage à deux mains pour lui jeter tout d'une haleine :

— Je ne puis médire de la police. J'en suis!

Et le nez plongé dans mon assiette, j'attendis l'effet de ma bombe explosive. Ce ne fut qu'un long silence. Quand je relevai les yeux, Annette béait de stupeur, Coppée semblait consterné.

— Pas possible! bégaya-t-il.

Alors, le sang-froid revenu :

— Vous en êtes resté, dis-je, aux préjugés des gens de votre âge, à la police vexatoire de Pietri et des agents corses de l'Empire. Je vous assure qu'elle a bien changé depuis et que *policier* n'est plus synonyme de *mouchard*. Je connais les commissariats et je sais ce qui s'y passe. Soyez persuadé qu'il s'y trouve des magistrats de conscience et d'honneur. Si votre ami est, comme je n'en doute pas, sur votre rapport, innocent, il n'a rien à craindre. On ne condamne plus sans preuves. Il ne faut pas rendre responsable de sa mésaventure, un commissaire de police qui ne pouvait se dispenser de l'entendre, fût-ce à titre de témoin. Le coupable, ici, c'est le vendeur indélicat du faux tableau puisqu'il n'a pas reculé de manœuvrer un honnête homme à son insu. Laissez-moi m'inquiéter de la chose. J'irai trouver le commissaire enquêteur, et, fort de votre recommandation dont je me ferai une arme, je suis convaincu que votre ami ne tardera pas à être mis hors de cause.

Coppée parut touché de mon offre et la sérénité lui revint peu à peu. Il eut bien encore quelques échappées furtives contre ce qu'il appelait « les pratiques ténébreuses de la *rousse* ». Peut-être, était-ce le pressentiment qu'il serait, un jour, appréhendé lui-même sur la voie publique, au cours d'une manifestation nationaliste, et conduit au poste par des agents inflexibles, mais quel magnifique argument à l'appui de ma thèse, si, lisant dans l'avenir, j'avais pu lui annoncer que le commissaire de police, qui, signerait son ordre d'écrou, en perdrait le sommeil et s'en frapperait la poitrine, sur son lit de mort, se reprochant comme un crime inexpiable, d'avoir osé porter la main sur lui. Ce commissaire (M. Bottolier-Lasquin), sentimental et rêveur, d'une nature maladive et portée aux scrupules, ne jurait que par Coppée dont il savait les vers par cœur et le considérait comme l'incarnation même de la Poésie.

Je m'efforçais de citer à Coppée maints exemples de policiers lettrés et amis des arts (Court, Landel, Simand, Michaut, Péchard, Soullières...) ou parfaits hommes du monde (Touny, Mouquin, Cochefert...) et de lui démontrer que, dans l'état actuel de nos mœurs, les commissaires de police n'étaient guère que des chefs de bureau, aussi recommandables que ceux de n'importe quel ministère et j'eus la stupéfaction de l'entendre me dire, alors que nous passions dans le salon, où le café servi nous attendait :

— Après tout, que la police soit ce qu'elle veut! Je lui fais grâce en faveur du juste qu'elle possède. Vous la réhabilitez à mes yeux.

— « C'est trop d'honneur! » murmurai-je, en m'effondrant sur le fauteuil qu'il me désignait.

Et s'il m'était resté quelques doutes sur les vrais sentiments de Coppée à mon égard, ils se seraient évanouis devant son insistance à me retenir. Je me disposais à prendre congé de lui.

— Mais non, se récria-t-il affectueusement, je vous en prie. Faites-moi le sacrifice de votre après-midi puisque vous êtes libre. Le temps est agréable. Nous irons faire un tour.

Et il m'entraîna du côté de Vaugirard, où nous ne savions pas que se tenait une fête foraine, mais où il ne nous déplût pas de nous attarder.

C'était comme si nous avions passé l'heure

à relire ses vers ensemble, avec ce surcroît d'intérêt que nous pouvions, à chaque pas, les confronter à la réalité. Nous faisions halte.

> Devant la loterie éclatante où les lots
> Sont un sucre de pomme ou quelque étrange vase,

> Devant la ménagerie où le macaque sur son perchoir cligne ses yeux méchants,

>   et grignote une noix
> Entre la grosse caisse et le chapeau chinois,

Et aussi :

> Devant la toile peinte où l'on voit la géante,
> Telle qu'elle a paru, jadis, devant les cours,
> Soulevant décemment ses jupons un peu courts
> Pour qu'on ne puisse pas supposer qu'elle triche,
> Et montrant ses mollets à l'empereur d'Autriche.

Nous nous mêlions aux groupes de badauds en extase devant la danseuse de corde aux jupes de tulle, et nous écoutions les boniments de l'illustre Arpin, promettant cinq cents francs, chimérique utopie!

> A qui pourra tomber, à la lutte à main plate,
> Son frère, au caleçon d'argent et d'écarlate,
> Qui sur un bout de pain achève un cervelas.

— Quelle décadence! murmurait Coppée et que nous voilà loin des fastes de l'antiquité :

> O palme néméenne, o laurier d'Olympie !

— Pas tant qu'on pourrait le croire, répliquai-je. Il suffit d'un peu d'imagination pour s'y retrouver.

A ce moment, un camion, débouché à fond de train, d'une rue voisine, stoppait brusquement, sur la chaussée en face de l'arène, et l'un de ses deux conducteurs, taillé en hercule roux, émoustillé d'une pointe de vin, considérant le rang d'athlètes en parade, se mettait à les défier avec une ironie cinglante :

— Pigez-moi ce tas de sacs à graisse! pas un qui tienne debout! Passez-moi donc un gant que je les mette à la redresse!

— Mais d'abord, savez-vous lutter? demandait l'annoncier, son porte-voix à la main.

— Ne vous inquiétez pas de ça!

— Avec qui voulez-vous combattre?

— Avec celui que vous voudrez. De tous, je ne ferai qu'une bouchée.

— Ça, c'est aisé à dire, mon garçon, faudra vous voir à la besogne.

— Assez de *chiqué*! voulez-vous m'envoyer un gant, oui ou non? s'impatientait l'amateur.

Et tourné vers le public amusé :

— Y a pas de danger qu'il s'y risque. Il aurait trop peur que je lui démolisse son personnel.

Puis revenant au *speaker* et comme illuminé d'une décision subite :

— Tenez! passez-moi un gant pour le grand brun, qui crâne là-bas, dans le coin.

— Lequel? feignait d'ignorer l'annoncier, cherchant des yeux autour de lui.

— Celui qu'a un sautoir rouge, avec trois rangs de médailles en chocolat!

— M. Fénelon!... Peste! vous n'y allez pas de main morte, mon ami. Savez-vous que c'est l'un des meilleurs champions du monde, le vainqueur du dernier tournoi de lutte aux *Folies-Bergères...*

— Vous voulez rire. J'en boufferais dix comme lui!

Et M. Fénelon, intervenant, disait au patron, d'un air détaché :

— Donnez-lui donc un gant, pour moi! C'est un morveux qu'a besoin qu'on le mouche. Faut jamais contrarier les enfants!

Et tandis que le colloque se poursuivait, pour la plus grande joie de la foule, ignorant qu'il s'agissait là d'une scène truquée, et que le charretier n'était qu'un professionnel déguisé, à la solde du banquiste, je songeais aux héros d'Homère se provoquant au corps-à-corps, et dont le rite se perpétuait à travers les âges. L'homme en blouse traduisait en argot faubourien, ce que le bouillant Achille jette au fils de Priam :

Je te ferai bientôt sentir à ton dommage
Que je fus engendré d'un père vigoureux !

— La séance, opina Coppée, promet d'être intéressante.

— Détrompez-vous! ripostai-je, tout cela n'est que batelage, amorce à badauds. Ces gens s'entendent, c'est le cas de le dire, comme larrons en foire. L'amateur est de mèche. Il est payé pour se laisser rouler. Il mordra finalement la poussière rendant les armes au lutteur en maillot, pour le renom de l'établissement.

— On voit pourtant des amateurs triompher.

— Oui, à qui l'on permet de faire la quête et que l'on choisit de préférence parmi les militaires. L'uniforme jouit des sympathies du public et stimule sa générosité. Mais l'amateur ne profite pas de la quête dont le produit retourne à la caisse en vue d'une répartition commune, le *rouleau*, comme on dit en argot du métier.

— Puisque vous êtes instruit de ce monde-là, s'inquiétait Coppée, qu'en faut-il penser?

— Ma foi, avouai-je, ce monde de lutteurs n'est pas pire que les autres. Je dirai même qu'on y rencontre de bons garçons. Je parle, bien entendu, des professionnels et non de la tourbe d'amateurs occasionnels qui s'agitent autour d'eux. Parmi ceux que vous venez de voir s'exhiber en place publique, il en est qui sont des célébrités du sport et dont le nom s'imprime dans les journaux : Fénelon, Jadin, François-le-Bordelais... Ceux-là ont, tout comme les hommes de lettres, le scrupule de leur art, la vanité du nom et le souci de l'opinion qui les maintient en droit chemin.

— Mais il y a les promiscuités, les avances du vice et ses tentations.

—Peut-être pas tant que vous vous l'imaginez. Les femmes à craindre sont renseignées et ne se risquent guère à courir au-devant d'une déception. Elles savent ce qui se cache de débile, sous une solide apparence, chez ces gaillards qu'un excès de dépense musculaire amène à une sorte de somnolence sexuelle. La plupart sont sobres par nécessité, garés de l'alcool et des jupes. Voilà déjà deux sources de désordres écartées.

— Mais il en reste d'autres !

— Oh! là, encore, ils ne prêtent que l'écorce. La plupart sont de grands enfants, de mœurs simples, au cerveau fruste, incapables de ruse, de manœuvres dolosives et compliquées. Ils sont, surtout, épris de vie libre et indépendante. Leur devise c'est : *Potius ferrea libertas quam aurea servitus.* Je n'entends pas dire qu'ils incarnent en eux toutes les vertus, mais j'ai éprouvé qu'ils étaient susceptibles de désintéressement et que leur reconnaissance, pour de menus services rendus, savait aller parfois jusqu'au dévouement.

Nous avions repris notre flânerie à travers la foule, devenue si dense, que nous sentions bientôt le besoin de nous en dégager. Nous poussions une pointe jusque sur la chaussée du Maine au moment où passait un corbillard de pauvre que ne suivait personne.

— Comme c'est triste! murmurait Coppée qui sans doute voyait poindre là un sujet de poème.

Cette chaussée du Maine lui rappelait les promenades qu'il y faisait, enfant, en compagnie de son père! C'était alors un peu de campagne. Ce n'était plus aujourd'hui qu'un morceau de ville maussade. Partout s'élevaient des constructions hâtives et commerciales, des boîtes à locataires...

J'étais ravi de ma journée. Avant de nous séparer, nous primes le coup de l'étrier au *Café des Vosges*, sis presqu'à l'angle du boulevard Montparnasse et de la rue de Sèvres, café d'élection de Coppée et qui, devait plus tard, porter son nom. C'est là, sur un coin de table, que mis en verve par les incidents de l'après-midi, j'improvisai, parodiant sa manière, les vers suivants dont il affecta de s'égayer :

Dans ces foires qui font courir les électeurs,
Je ne manque jamais d'aller voir les lutteurs.
J'entre, suivant que mon humeur me le conseille,
Ou chez *Bertrand* ou chez *Pérard* ou chez *Marseille* (1)
Et je note les coups qui s'échangent. J'ai soin
Pour les observer mieux de m'asseoir un peu loin,
Car, de près, on reçoit des nuages de sable
Et cela vous salit vos vêtements, que diable !
Sans compter qu'il peut vous en voler dans les yeux.
Aussi bien je connais chacun de ces messieurs :
Jadin, qui vous rappelle à contempler son torse
Ces Milons que l'on sculpte un doigt pris dans l'écorce,

(1) Célèbres tenanciers d'arènes du temps.

Fénelon, qui n'a rien du cygne de Cambrai
Mais dont la jambe est souple et le rein bien cambré,
Henri le Bordelais, de si mâle structure
Qu'il semble descendu d'un cadre de peinture,
Bamboula, toujours preste, et qui ne se rend point,
Et *Camille* qui tue un bœuf d'un coup de poing.
Tous ces gars dont un court maillot bride la graisse,
Me reportent au plus bel âge de la Grèce,
Et je m'estime bien plus heureux que Carnot
D'avoir vu ça quand je reviens rue Oudinot.

C'était, d'ailleurs, un besoin irrésistible, chez moi, que de crayonner à tout bout de champ, en marge de mes dossiers, de ces *Coppéiana* auxquelles je n'attachais pas plus d'importance qu'elles n'en méritaient, mais où ma plume se délassait, d'elle-même, pour ainsi dire, d'un labeur imposé et fastidieux.

Il me souvient qu'un jour, un juge d'instruction renvoya au commissariat, en demandant à quoi se reportait le document, ce misérable dixain, trouvé dans un dossier où je l'avais oublié et qui ne doit qu'à cette circonstance de m'être resté en mémoire :

C'est un de ces agents qui font bien leur service
Il connaît plus d'un tour interdit au novice,
Il sait, avec prudence, entrer boire au comptoir,
S'il rencontre un ivrogne, il prend l'autre trottoir.
Bref, ses chefs n'ont que des compliments à lui faire ;
Pourtant il est à plaindre : un règlement sévère
Interdit de fumer en tenue et les gens
Du faubourg Saint-Denis, qui passent, négligents,
Ignorent à quel point leur mégot l'importune
Lui qui ne peut pas même « en griller l'ombre d'une ».

Le même cas m'advint, une autre fois, avec la préfecture de police. J'avais sans m'en apercevoir, esquissé, en vers, au dos d'une pièce de procédure, la silhouette d'un agent de ma connaissance :

Les bottes dont le cuir reflète un jour changeant
Et le képi — par la façon dont il l'incline —
Timbré de l'écusson de la ville en argent,
Achèvent l'orgueilleux prestige de sa mine.

De tout cet attirail martial qui le rend
Si fier, un détail seul malvenu le chagrine,
C'est de voir qu'à sa pèlerine se dandine
Un numéro, qu'il eût voulu moins apparent.

Avec son double rang d'écus, qui le plastronne,
L'uniforme avantage assez bien sa personne ;
Grâce à lui, que de cœurs n'a-t-il pas subjugués !

Coqueluche et terreur d'un troupeau d'hétaïres,
Quand vient l'heure de sa tournée au long des quais,
Son temps se passe à la cueillette des sourires.

Par bonheur, la chose tomba entre les mains d'un haut fonctionnaire indulgent et lettré qui n'eut pas de mal à identifier l'auteur du sonnet et qui, pour toute sanction, le fit, à mon insu, insérer dans l'*Historique des gardiens de la paix* que l'on préparait alors en haut lieu, éternisant en moi le remords de l'avoir perpétré.

J'y gagnai néanmoins d'éprouver qu'on ne haïssait pas forcément les lettres dans l'entourage du préfet et que son état-major comptait des gens d'esprit.

Coppée m'avait fait promettre de retourner chez lui, où j'étais sûr de le trouver chaque dimanche matin. Il était allé jusqu'à me manifester le désir de me voir à la *Fraisière*, maison de campagne qu'il venait d'acheter et dont il me vantait les ombrages et les agréments. Hélas, accaparé par mes besognes, je n'eus même pas loisir de lui rendre une visite de digestion. Il ne cessa pourtant de me marquer par lettre, à chaque livre que je publiai, l'intérêt qu'il prenait à mes travaux. Ce n'est que six ans après cette première entrevue, lorsque je fus nommé commissaire de police dans ses parages, au xve arrondissement, qu'il me fut donné de le rencontrer fréquemment à ce *Café des Vosges* auquel il demeura fidèle jusqu'à ses derniers jours. Ce fut l'occasion de délicieuses causeries. Coppée avait

Ce geste aisé du cœur dont l'esprit est jaloux

On respirait librement en sa compagnie. Il était plein de prévenances délicates. Quelle âme sensible et quel cœur loyal! Il m'a laissé le plus doux souvenir et je ne passe jamais devant sa statue sans un secret tressaillement ni sans lui dédier l'hommage d'une pensée pieusement attendrie.

XX

FRÉDÉRIC MARION

Je venais de retrouver un camarade d’enfance, l’ami Frédéric Marion, mon cadet de quelques saisons. Nous avions été élevés ensemble, dans une pension du faubourg du Temple où ses parents, établis crémiers, l’avaient installé à demeure. Le souci de leur commerce leur ôtait le temps de s’occuper de lui et ils s’en étaient débarrassés avec d’autant plus de diligence que sa croissance difficile exigeait des soins constants. Il était sujet à des crises nerveuses. Il avait peur de son ombre comme d’un serpent attaché à ses pas. Il ne pouvait souffrir de rester, ne fût-ce qu’un instant, dans une chambre sans lumière. L’approche de la nuit l’emplissait de terreurs soudaines. Nos lits étaient voisins. Il lui arrivait souvent de se dresser sur ses draps, en poussant des cris déchirants et, lorsque je lui en demandais la raison, il me répondait qu’il voyait des monstres menaçants s’agiter autour de lui. Puis, ses parents, retirés des affaires, l’avaient emmené en province et je n’en avais plus entendu parler. J’ignorais qu’il appartenait à l’administration.

Le hasard nous remit un beau jour en présence.
D'une promotion postérieure à la mienne, il
rentrait de banlieue et venait d'être attaché
comme secrétaire au service des délégations
judiciaires, ce qui était considéré comme un
poste d'élite et ne s'accordait qu'à des sujets
hors ligne ou puissamment pistonnés. Ses hallucinations avaient cessé avec l'âge. Il en avait
perdu jusqu'au souvenir, ce qui me fit penser
qu'elles venaient moins d'une constitution
maladive que des contes d'une nourrice impru-
dente qui s'était jouée à l'effrayer. Quoiqu'il
en fût, il se révélait à mes yeux transformé.
Le petit garçon craintif était devenu un gaillard, solide et râblé, à l'esprit déluré, bien décidé
à faire sa trouée et pour qui l'expression « n'avoir
pas froid aux yeux » semblait avoir été créée.
Peut-être était-ce de ses troubles premiers qu'il
avait gardé une certaine exubérance de gestes,
et quelque chose d'un peu dégingandé dans
la marche qui le faisait ressembler, de loin,
dans les plis de sa redingote flottante, à un gros
oiseau noir toujours prêt à s'envoler. Il savait
d'ailleurs se régler à l'occasion et s'imposer un
masque rigide et officiel, mais entre camarades, aux heures de loisir, il lâchait bride à son
humeur expansive. Sa façon bruyante donnait aux entretiens une animation singulière.
Avec ses intimes, il affectait même une gouaille
sans façon, une désinvolture cavalière dont
on eût été bien en peine de se fâcher, tant il

savait leur imprimer une tournure cordiale.

Il saluait chacun par le rappel de son péché mignon qu'il exagérait à plaisir « Tiens! voilà l'ivrogne! » « Comment vas-tu la Flemme? » J'étais pour lui « le Poate! » car il n'était pas loin de considérer mon inclination comme une infirmité, et niaiserie le fait d'aligner sur le papier des lignes inégales. Il méprisait les occupations qui ne mènent à rien, mais en revanche, quelle merveilleuse organisation pratique! quel esprit d'à-propos! quelle rare aptitude à tirer parti des moindres circonstances, à mener sa barque et à flairer le vent! Il vous soupesait un homme du regard, démêlait le fil secret qui relie les faits en apparence les plus contradictoires et le vrai mobile de toutes les décisions, si colorées fussent-elles de raisons étrangères. Son regard perçait les petites intrigues, les rivalités d'influences, les machinations de couloirs. J'étais instruit par lui de tout ce qui se tramait en haut lieu, des faveurs à venir, des disgrâces prochaines. A la veille de l'examen, il m'avait renseigné sur mes juges, révélé les manies de chacun, sa marotte, ses préjugés, et ses indications, que je n'eus garde de mettre à profit, me furent d'un rude secours. Je m'attendais à le voir parvenir aux plus hauts grades, et, de fait, reçu le premier à son examen, avec félicitations du jury, il ne devait pas tarder à brûler les étapes. Il semblait que l'administration n'eût rien à lui refuser. Il fut, par

faveur spéciale, bombardé d'emblée commissaire aux délégations judiciaires. Il avait le
vent en poupe. Je ne me doutais guère qu'un
arriviste de cette trempe, qui faisait cyniquement profession de s'être affranchi des fai-
blesses et des préventions communes, dût sombrer
dans une vulgaire aventure sentimentale,
comme un collégien candide, en proie aux
illusions de la seizième année, ni qu'un dé-
chirement de cœur dût l'amener à une sorte
de suicide.

Sa conversation n'était pas seulement profitable ; elle était amusante en diable. Pas de
plus intrépide faiseur de mots. D'un chef de
service gravement malade dont on escomptait
le départ prochain, d'une saleté légendaire, il
disait « Son état s'améliore. Il commence à
se *laver* » et d'un officier de paix qui avait la
manie d'arborer, par fatuité, sur son uniforme
un tas de décorations exotiques « Il porte sa
ferblanterie en *sauteur* ».

J'allai le voir, un jour, à son bureau des délégations. Il était alors sous les ordres de M. Cochefert, homme rond d'allures et sans façons, qui,
par mégarde, laissa choir, devant nous, le
crayon qu'il tenait à la main. Marion ne fait
qu'un bond pour le ramasser et Cochefert, en
joyeux pince-sans-rire, me prend à témoin de
cet empressement « Voyez! ce n'est pas un
secrétaire que j'ai, c'est un domestique. Il irait
jusqu'à battre mes habits ». A quoi, Marion de

riposter du tac au tac « Oui! à condition, qu'ils fussent sur votre dos! »

Lorsqu'une enquête judiciaire exigeait en matière criminelle le curage d'une fosse d'aisances, c'est toujours l'autre commissaire des délégations, M. Clément, qui était chargé de surveiller l'opération et cela l'avait établi chez les lecteurs de faits-divers en odeur de réputation. Les deux magistrats alternaient, mais Clément, en sa qualité d'aîné, réglait l'ordre des congés et ne se décidait jamais qu'à la dernière minute, ce qui désolait Cochefert, obligé de marquer le pas et qui ne savait jamais suffisamment, à l'avance, à quoi s'en tenir.

— Chaque année, c'est la même histoire, se plaignait-il. Impossible de savoir l'époque où il prendra ses vacances.

— Il y a des chances, répliquait Marion, pour que ce soit à l'époque des *vidanges.*

A propos du même Clément, stratégiste habile mais brutal et fort en gueule, que la presse officielle félicitait d'avoir su réprimer brillamment une manifestation « Braillamment serait plus exact! » corrigeait-il.

Cette veine espiègle jointe à nos souvenirs d'enfance et à une certaine parenté d'humeur, au même mépris inné de l'étiquette et de la gourme officielle, fit longtemps, de nous, deux inséparables. Nos relations étaient favorisées par ce fait qu'aux délégations, il disposait de ses dimanches, de ses soirées et que nous habitions dans les mêmes parages, lui, rue Louis-Blanc, moi, rue du faubourg du Temple. Pour des jambes de vingt ans c'était loger porte à porte. Nous passions la plupart de nos soirées ensemble, soit à mon bureau, soit en promenades. C'était le plus joyeux des convives et si habile à s'adapter à toutes les sociétés qu'il ne se trouvait nullement dépaysé parmi mes amis de lettres. Il ne craignait pas d'intervenir dans nos controverses les plus pointilleuses, où il était soutenu par son bon sens et la qualité de son jugement.

XXI

LE CABARET LECOMTE

Frédéric m'avait entraîné, ce soir-là, à la Comédie-Française, où il disposait de la loge de service, et, la représentation terminée, nous rentrions à pied, le long des boulevards, si aises de nous dégourdir d'une longue immobilité, si joyeux d'aspirer, à l'air libre, au sortir d'une salle surchauffée, les premiers souffles d'avril, et si requis par le feu de la discussion, que pour en jouir davantage, nous ralentissions le pas à mesure qu'approchait la place de la République où nous devions nous séparer. Je ne sais plus quel sujet de controverse animée nous tenait arrêtés sur le terre-plein de l'Ambigu, lorsqu'une giboulée soudaine nous fit chercher refuge dans un établissement voisin. Nous n'avions pas l'embarras du choix. A cette heure tardive, il n'en restait plus qu'un d'ouvert, en sa qualité d'établissement de nuit. C'était le cabaret Lecomte, sis à l'angle de la rue de Lancry, aujourd'hui disparu, mais qui bénéficiait encore de sa vieille renommée. A sa clientèle de noctambules professionnels, venus de tous les coins de Paris, se mêlait une catégorie de gens de théâtre, dont ce quartier constitue la métropole. Effectivement, nous aperçûmes, en entrant, pérorant au milieu d'un cercle de dévôts attentifs, le chanteur en habit rouge de l'Eldorado, Kam-hill, qui s'était valu renom d'originalité en divulguant aux générations nouvelles, le répertoire de l'ancien Chat-Noir. Non loin de lui, siégeaient les trois sœurs Bloch, vedettes des beuglants riverains, toutes trois nabotes opulentes, brunes, d'une frimousse chiffonnée assez piquante. Jeanne, l'aînée, renchérissait sur ses cadettes, tournées en graisse, se rembourrant d'appâts si volumineux, qu'on l'avait surnommée *la Tour de Mamelles*. Aussi sages et réservées à la ville qu'endiablées sur la scène, elles venaient là, par habitude, et semblaient, par leur attitude silencieuse et figée, au milieu de l'animation générale, des enfants pressés d'aller dormir, à qui l'on eût imposé par pénitence, un soir de cérémonie, de veiller en compagnie de grandes personnes.

Nous cherchions un coin où nous caser. Des appels, venus du fond de la salle, nous révélaient une tablée d'amis : les poètes Albert Mérat, Raoul Gineste, le jeune romancier, Gustave le Rouge, les docteurs Weiss, Giroud et quelques débutants de lettres, habitués des soirées de la *Plume*, parmi lesquels notre place était tout indiquée. Ces messieurs, à notre arrivée, commentaient l'événement du jour : le discours de réception de Pierre Loti à l'Académie

Française. Ils en avaient pris connaissance dans le supplément du *Temps* qui traînait encore sur la table. Zola y était fort malmené, ce qui n'était pas pour déplaire aux vétérans de la compagnie, mais un jeune homme chevelu s'en indignait. Zola était son dieu, et Loti, à son sens, un écrivain négligeable, un romancier de salon, fournisseur attitré des gens du monde et de vieilles dames sentimentales.

— Qu'importent ses attaques ? s'exclamait-il, Zola s'en moque. Il a pour lui l'avenir. Il dispose des sympathies de la jeunesse. Même les symbolistes, qui l'avaient vilipendé, viennent de lui faire amende honorable en l'appelant à présider le prochain banquet de la *Plume*. Pour Loti, vous savez le refrain qui court depuis ce matin :

> Enfin nous allons pouvoir rire,
> Voilà Loti de l'Institut !
> Monsieur d'Audiffret peut écrire
> L'Académie avec un Q.

— C'est idiot, s'indigna Gineste, éveillé subitement des fumées de son éternel cigare. Il ne faut pas médire de Loti. C'est un maître. Il m'enchante !

Et comme Gineste ne supportait pas la « rosserie », il demanda, pour rompre les chiens, en désignant un jeune monsieur, outrageusement chauve, qui venait d'entrer et naviguait péniblement entre les tables, le chapeau à la main, pour répondre à force saluts et marques d'estime qu'il recevait :

— Quel est donc ce personnage d'importance ?

— Comment, vous ne le reconnaissez pas ? s'étonna le thuriféraire de Zola, c'est D..., l'étincelant Buridan de la *Tour de Nesle*, qui fait courir en ce moment toutes les femmes au théâtre de la Porte Saint-Martin. C'est leur coqueluche. Elles en raffolent... Aussi ne le voient-elles qu'en perruque.

Le monsieur chauve se voyait confisqué au passage par une vieille actrice, en toilette criarde, aux rides si peinturlurées de fards, qu'elle semblait Jézabel sortie du tombeau. Elle lui parlait sur un ton de querelle et comme, à grand peine arraché de son étreinte, il s'éloignait avec un hochement de tête indifférent qui semblait dire : « Je n'y puis rien ! » elle lui jetait dans son dépit colère, avec un éclat de voix qui parvint jusqu'à nous :

— Non ! ce n'est pas une mijaurée de cette espèce qui viendra me souffler mes rôles d'ingénue !

— Celle-là, dit un esthète à monocle, c'est X..., de l'Ambigu, qui s'obstine à ne vouloir pas dételer. Elle a raison de se cramponner à ses rôles d'ingénue. Voilà plus de quarante ans qu'elle en est en possession. Et elle entend mener son monde tambour battant.

— *La Connétable du Déclin*, alors, risqua Frédéric.

Ce genre de facétie commençait à faire fureur.

Rien de plus typique que ces sortes d'endroits, intoxiqués de *Parisine* à l'heure du coup de feu, où les nerfs reçoivent de l'ambiance une véritable commotion électrique. Partout, circule une ivresse capiteuse qui fouette l'esprit, délie les langues. L'humour s'y vend par bouteilles. La Fantaisie s'en donne à cœur joie. On y entend les réflexions les plus imprévues et des boutades à renverser un régiment de sapeurs.

Un poète nouveau jeu ripostait à ses voisins :

— Théophile Gautier !... une huître dans une perle !

Et la fièvre des commérages battait son plein. Derrière nous, un choriste, engagé pour la pièce nouvelle en cours de répétitions aux *Folies Dramatiques*, confiait à son entourage :

— La pièce tombera à plat. Ça ne fera pas le sou. C'est tellement idiot que G... a rendu son rôle... C'était leur seul atout.

— Mais ils ont Ugalde ! objectait quelqu'un.

— Ugalde !... beaucoup de prétentions encore mais plus de voix...

— *L'aphonie des grandeurs*, me soufflait l'incorrigible Frédéric.

— Et, continua l'autre, comme s'ils avaient déjà trop de vedettes, ils sont allés chercher, pour remplacer G..., une « mazette », une vraie « panne ».

— Qui ça ?

— Un nommé Guy.

Or la pièce dont ils parlaient étaient les *Vingt-huit jours de Clairette*, dont on sait le succès retentissant et où Guy devait se révéler dans le rôle de *Benoît* comme l'un de nos meilleurs comiques, ce qui démontre une fois de plus la fragilité des prévisions humaines !

A mes côtés, le Dr Rémy Giroud, se chamaillait sur un point de doctrine, avec un coreligionnaire à profil de Méphisto :

— Mais non ! Mais non ! insistait-il, c'est une erreur !... Lisez les *Controverses et recherches magiques* de Delrio...

— Pourtant Bodin dans sa *Démonomanie...*

— Il ne faut pas se fier à Bodin !

— Mais le père de Lancre, dans son *Tableau de l'inconstance des Mauvais Anges...*

— Le père de Lancre ne me paraît pas d'une autorité suffisante. Reportez-vous à Wier, au IVe livre de son ouvrage : *De præstigiis Daemonum.*

A ce moment, une clameur formidable se fit entendre. Le piano entonnait la *Marseillaise.* Toute la salle levée dans une tempête d'acclamations nous barrait la vue.

— Qu'est-ce qu'il y a ?... Qui nous arrive ?... Un ministre ?... Le Président de la République ?

C'était M. Dresch, le commissaire de police

du quartier, qui faisait son entrée. Hissés sur nos chaises, nous le vîmes s'avancer, avec son masque à la Vélasquez, très pâle, chancelant, comme sous le coup de l'émotion, appuyé au bras de son secrétaire : M. Kremer. Un ruban rouge, tout neuf, flamboyait à sa boutonnière.

Pour avoir les mouvements libres, en grimpant sur mon siège, j'avais mis mon chapeau sur la tête.

— Découvrez-vous, me dit un assistant indigné. Il faut saluer cet homme, bien bas. C'est lui qui a arrêté Ravachol !

Effectivement, quelques jours auparavant (30 mars 1892), M. Dresch avait réussi à mettre la main sur Ravachol et tout Paris délivré respirait. Le commissaire était devenu l'idole du jour. On l'acclamait comme un sauveur. Il fut longtemps à ne pouvoir paraître en public sans exciter des transports.

Je le connaissais. J'avais été, jadis, sous ses ordres, comme secrétaire suppléant. Je connaissais son secrétaire, Kremer, avec qui j'avais préparé mon examen, car c'était l'usage de se réunir entre collègues, aux approches de cette redoutable épreuve, pour se « pousser des colles ». Je me portai à leur rencontre et les amenai à notre table où l'on se fit gloire de les accueillir, en se serrant un peu.

L'effervescence calmée, j'en profitai pour obtenir un récit authentique de l'arrestation dont je ne savais que les versions différentes des journaux.

— J'étais malade et alité, relatait Dresch, lorsque, vers onze heures, Montet, mon garçon de bureau, vint chez moi me prévenir qu'un individu, qu'on avait tout lieu de supposer être Ravachol, se trouvait dans l'établissement Véry, boulevard Magenta. J'enfile sans hésiter une pelisse de fourrure sur ma chemise de nuit et nous partons. Je prends en passant, au poste de la mairie, sur mon chemin, deux agents à qui j'ordonne de me suivre à distance et de se tenir à ma disposition, aux abords du restaurant, où je pénètre en compagnie du seul Montet. Nous nous installons à une table, en vulgaires clients, et nous faisons servir une consommation. Mon homme était là que j'avais reconnu dès l'entrée et que notre présence semblait inquiéter. Sans prendre le temps d'achever son repas, il appelle le garçon pour « régler ». Sa dépense se bornait à quarante-trois sous. Sa main tremblait en ouvrant son porte-monnaie. Il jette sur la table une pièce de deux francs, deux pièces de dix centimes et, négligeant de prendre le sou qu'on lui rendait, coiffe son chapeau haut de forme et se lève pour sortir, mais apercevant la silhouette des agents, il se recule et plonge la main dans sa poche.

— « Mauvais signe ! » pensai-je. Effectivement, l'homme était muni d'un revolver et son intention était de s'en servir. A ce moment, je me précipite et lui saisis le bras. L'arme tombe à terre. Je sentais le bandit résolu à lutter et à se débattre jusqu'au bout, mais les agents viennent me prêter main forte et le réduire à l'impuissance.

— « Que me voulez-vous? Qui êtes-vous? Pourquoi m'arrêtez-vous? » demanda-t-il, dès qu'il eut constaté la résistance impossible.

— Vous êtes Ravachol !

— Vous voulez rire !

Mais son signalement l'accablait. Ses deux cicatrices suffisaient à l'identifier. Il essaya une dernière fois de se dégager, alla jusqu'à se saisir du sabre de l'un des gardiens pour l'en frapper. Ce fut une rude affaire que d'en venir à bout. Il fallut le ligoter et l'emporter en fiacre. Il se démenait tant qu'il pouvait, criant : « Vive l'anarchie ! A bas les bourgeois ! » La prise était bonne. Outre son révolver, il était armé d'une canne à épée et d'un coup de poing américain. Il avait, sur lui, cent-quatre francs et un billet de chemin de fer, ce qui prouve que son dessein était de prendre le train pour quitter Paris, le jour même.

— Ça, m'écriai-je, c'est une veine, et vous pouvez vous vanter d'avoir eu du flair ! Combien d'autres, à votre place, se seraient rendormis, sceptiques à l'idée qu'il se fut agi du véritable Ravachol. Des gens se figuraient le voir partout. Ça tournait à l'hallucination.

— Mais ici, confessait le magistrat, la dénon-

ciation s'appuyait de vraisemblance.. Déjà
l'homme avait fait une apparition chez Véry.
Il y était venu déjeuner après avoir fait sauter
l'immeuble de la rue de Clichy. C'était un
dimanche. Rien ne ressemblait moins à un malfaiteur. Il était en redingote noire, ganté, chapeau haut de forme et l'on ne lui eût prêté
nulle attention s'il n'avait tenu des propos suspects. Le garçon Lhéraud qui le servait, ancien
zouave d'Afrique, venait de reconnaître parmi
les clients un camarade de régiment et tous
deux, évoquant à haute voix leurs vieux souvenirs, n'oublièrent pas de gouailler certain gradé
et de faire allusion à la rigueur de la discipline.
L'inconnu qui jusque-là était resté silencieux,
intervint pour dire : « L'armée, c'est un instrument d'oppression. Il n'en faut plus! Les
soldats devraient se révolter et fusiller ce tas de
gardes-chiourme que sont les galonnés. Lisez
le *Père Pénard*, c'est le journal des exploités.
Vous y prendrez conscience de vos droits. Il
faut que le peuple se réveille... Tenez! je passais
tout à l'heure rue de Clichy, quand j'ai assisté
à l'explosion d'une maison. Je vous assure que
c'était du beau travail. » Et comme ses auditeurs ne pouvaient réprimer un mouvement d'indignation, l'orateur leur démontrait la nécessité
« d'apprendre à vivre aux bourgeois ».

Au fond, Lhéraud croyait à une fantaisie det
hâbleur. Quand les journaux du soir apportèrent
la nouvelle de l'attentat, il sentit s'éveiller ses

soupçons et ne put s'empêcher d'en faire part à son patron (son propre beau-frère entre parenthèses) et comme, précisément, à ce moment là, je passais devant l'établissement, Véry me fit signe et me mit au courant.

— Mais, fis-je à Lhéraud, la physionomie de Ravachol est assez connue. Vous n'aviez qu'à le considérer pour être édifié.

— Ce n'était pas facile, me répondit-il. L'inconnu était assis à contre-jour. La banne était baissée. Et puis, il avait l'air si « cossu ». Mais il a promis de revenir.

— Pensez-vous, si c'est vraiment Ravachol, qu'il soit si pressé de réapparaître dans un lieu où ses propos l'ont compromis ?

— Il est possible qu'il vienne réclamer l'indicateur de chemins de fer qu'il a oublié sur la table, en s'en allant.

On me montra cet indicateur que je feuilletai sans y rien découvrir de suspect. Je le laissai aux mains de Véry en lui recommandant : « Si, par impossible, l'homme vient le réclamer, faites semblant de l'avoir égaré et de le chercher, pour lui faire prendre patience, tandis que vous m'enverrez quérir, mais au préalable, observez bien l'oiseau. Il est surtout reconnaissable à deux cicatrices apparentes, l'une à la tempe, l'autre au poignet gauche ». Je portais sur moi plusieurs exemplaires de l'état signalétique de Ravachol que je ne me faisais pas faute de distribuer. J'en avais confié l'un à Véry. Je pou-

vais donc supposer, lorsque le mercredi suivant
ce commerçant me fit mander, qu'il avait fait
les vérifications nécessaires.

Et comme je le félicitais de son exploit et du
ruban rouge reçu à cette occasion, le commissaire rectifiait :

— Ne m'en félicitez pas trop ! Il y a le revers
de la médaille. J'ai reçu congé de mon propriétaire, ennemi des bombes, et je n'arrive pas à
trouver de logement. En serai-je réduit à aller
coucher sous les ponts ?

— Que non ! répliquai-je.

Et je lui proposai de m'entremettre auprès d'un
mien ami, propriétaire d'un immeuble rue des
Marais, qui sans doute ne demanderait pas
mieux que de l'accueillir.

— Faites, dit-il, et puissiez-vous réussir.
C'est mon vœu le plus cher.

— Ce Ravachol est un idiot, déclarait Mérat.
On n'a pas idée d'une pareille inconscience... Se
produire dans un endroit public, alors que son
signalement et sa photographie couraient les rues!

— Ce n'est peut-être pas si idiot, hasardai-je,
que de se produire là où l'on ne vous cherche
pas. Qui eût pu s'imaginer que cet homme, dont
la tête était mise à prix, se mêlait chaque jour
à la foule ? Il ne faut pas s'exagérer la vertu des
signalements ni même des photographies. Voyez
le terrassier Vaubourg, que la Cour d'assises
a condamné la semaine dernière aux travaux forcés, pour avoir assassiné, par excès d'affection,

son camarade Boutry. On le cherchait au loin et jusque dans les carrières de banlieue. Il s'était contenté de changer de garni et continuait à vivre, comme à son habitude. Et pourtant sa photographie s'étalait à toutes les devantures.

— Encore lui, fit remarquer Frédéric, s'était-il avisé de couper sa barbe, ce qui le rendait méconnaissable.

— Mais Anastay avait laissé pousser la sienne, ce qui ne l'a pas empêché d'être reconnu.

A propos d'Anastay, s'inquiéta quelqu'un, son recours en grâce vient d'être rejeté. Son exécution est proche. Il se pourrait que ce fût pour cette nuit.

— Le bruit en a couru, fit Dresch interpellé, mais je n'en ai pas reçu confirmation.

La confirmation ne tarda pas à être apportée par l'irruption d'une bande joyeuse d'habits noirs, mêlés de femmes décolletées, qui criaient à pleine voix la nouvelle et leur résolution d'y assister. La salle en reçut comme un frémissement d'aise. Le programme se corsait d'un « clou » sensationnel.

Pour mettre la foule en appétit, un amateur escalade le piano et chante des couplets réalistes, de circonstance. Celui de Bruant obtient un succès fou :

> La dernièr'fois que je l'ai vu,
> Il avait l'torse à moitié nu,
> Et le cou pris dans la lunette,
> A la Roquet...te.

Le refrain est repris en chœur. Les voix se plaisent à s'y prolonger en vibrations aiguës. Des rires fusent de femmes chatouillées. L'orgie est à son comble. Elle a reçu le piment suprême, l'odeur du sang. Tandis qu'elle se déroulait, je songeais au triste héros qui en faisait l'objet. Tandis qu'ici, l'ivresse de vivre gonflait les cœurs, je songeais que là-bas, une créature semblable à nous, un homme victime de l'inéluctable destin, seul, abandonné, suait d'angoisse, sentant autour de lui rôder la mort, épiant ses pas d'une oreille inquiète, tendue aux moindres bruits du dehors.

C'était l'heure où les agents déblayent les abords de la prison. Sans doute l'infortuné percevait-il les rumeurs de la populace refoulée, le pas cadencé des municipaux en armes, débouchant sur la place, l'écho des commandements, le choc des crosses heurtant le pavé, le roulement du fourgon. Les yeux sur l'horloge, je suivais en idée, minute par minute, la marche des apprêts qui m'étaient familiers. Voici la lanterne des aides qui circule au milieu de l'espace vide, à l'endroit où va se dresser la guillotine. Sa charpente gît encore à terre, mais déjà son ombre dressée s'allongeait jusqu'à moi, éteignait les lumières, amortissant les voix, noyant la salle d'un brouillard où ne s'agitaient plus, à mes yeux, que fantômes vides et simulacres vains.

Certes, Anastay était un misérable. Sous-lieutenant criblé de dettes, menacé d'être chassé de l'armée, il avait cru conjurer la catastrophe en assassinant, pour la dépouiller, sa bienfaitrice, la baronne Dellart. Son crime me révoltait, mais je ne pouvais oublier que l'homme est un jouet aveugle aux mains de la fatalité et les vers du poète Émile Blémont chantaient dans ma mémoire :

> Les plus sublimes paradis
> Devraient s'ouvrir aux tristes âmes,
> Que les instincts les plus maudits
> Font ici-bas les plus infâmes.

Et puis, en somme, je l'avais connu ce malheureux Anastay, lorsqu'il était externe au Lycée Charlemagne. Nous ne nous fréquentions guère, parce qu'il n'était encore qu'en basse classe quand j'achevais ma rhétorique, mais j'avais remarqué ce petit garçon, doux et timide, si frêle d'apparence qu'il semblait appeler la protection. Il faisait partie d'une bande d'écoliers que je trouvais souvent sur mon chemin. Je l'avais tiré un jour des mains d'un condisciple plus âgé qui le rudoyait, en pleine rue, je ne sais plus à quel propos. Une histoire de billes, sans doute. Je les avais séparés tous deux, comme leur destin. Tous deux devaient tirer bruit du sang versé, mais l'un à sa honte, l'autre à sa gloire.. Si l'on m'eût prédit alors que de ces deux adolescents, l'un devait échouer en cour d'assises, ce n'est pas pour Anastay que j'aurais tremblé, mais pour son adversaire, tant il dénotait de vigueur agressive et d'humeur batailleuse. Or cet adversaire était Bobillot, le futur sergent Bobillot, celui-là même dont la statue se dresse aujourd'hui sur le boulevard Richard-Lenoir et qui sut se mériter les honneurs du bronze par un exploit splendide où il a trouvé la mort, lors de l'expédition du Tonkin. Celui-là est un héros et rien n'excuserait mon rapprochement sacrilège, n'était le souvenir de la dispute qui les avait mis aux prises, à l'endroit où s'élève aujourd'hui le monument, et si l'on réfléchit que c'est à deux pas de ce même monument qu'Anastay a commis son crime, boulevard du Temple, et que c'est au pied de ce monument devant lequel il était passé, les mains rouges de sang, son forfait accompli, qu'il fut quelques jours plus tard reconnu et pris en filature, par les agents lancés à sa poursuite, on conviendra qu'il n'est pas de meilleur dramaturge ni de plus avisé metteur en scène que le hasard.

Un coup sur l'épaule me tira de ma rêverie.

— Venez-vous, là-bas ? me demandait-on de tous côtés dans la bousculade du départ.

— Non, merci, fis-je brusquement. Je préfère m'aller coucher.

Et je m'éloignai, après avoir serré des mains tendues, suivi de Frédéric, qui d'ailleurs m'abandonnait quelques pas plus loin, pour regagner son domicile. Tandis que je continuais seul ma route, vers Belleville, des chants m'arrivaient encore, poussés par ceux des pèlerins qui, n'ayant pas réussi à se procurer de fiacres, s'acheminaient à la queue leu-leu, comme un défilé de noce, vers le lieu de l'exécution.

Ces chants me faisaient mal et je devais les retrouver jusque dans mon sommeil agité de cauchemars, où je voyais grimacer comme une lune sanglante à l'horizon, la face convulsée d'Anastay décapité.

XXII

L'EXPLOSION DU RESTAURANT VÉRY

Dans la semaine qui suivit, je me trouvais un soir chez Milent, ce débit dont j'ai déjà parlé et qui, prenant jour sur la rue de la Chapelle, communiquait avec la cour du commissariat, où j'étais secrétaire, commodité qui me l'avait fait choisir pour y recevoir mes amis et où, les jours de presse, je prenais mes repas. J'achevais d'y dîner, à la table des patrons, lorsque, sur le coup de neuf heures, un monsieur à petites moustaches brunes, donnant l'illusion de la trentaine, de tournure agréable, vêtu d'un complet veston gris-clair, tout battant neuf, fit son entrée en ami et vint leur serrer la main. On me le présenta. C'était leur compatriote, le restaurateur Véry, celui-là même que la capture de Ravachol avait rendu célèbre. On voulut le faire asseoir. Il déclina l'offre, pressé qu'il était d'aller rejoindre des camarades, au théâtre voisin des Bouffes-du-Nord. Il s'était échappé durant un entr'acte ; c'était si près qu'il n'avait pu résister à la tentation de venir s'enquérir de leurs nouvelles. On le félicitait de sa chance. L'homme jubilait. « Croyez-vous ? s'extasiait-il, quel coup de réclame ! » Il avait fait graver, sur le marbre de la table où le bandit s'était assis, une inscription commémorative. Cette étourderie m'effrayait. C'était, à mon sens, appeler les représailles et gravement s'exposer.

— Mais non ! répliquait-il, je ne risque rien. La maison est bien gardée... Des agents, jusque dans la cave !...

La clientèle depuis lors affluait. Sa boutique était inscrite sur la liste des curiosités de Paris. Des trôlées de touristes étrangers s'y succédaient, amenés par les guides. Et c'était un va-et-vient de journalistes, se disputant ses bonnes grâces, en vue d'un reportage fructueux. Ces messieurs le choyaient, lui prodiguaient des billets de faveur, des cartes d'entrée gratuite aux expositions, aux théâtres. Il en avait plein son portefeuille. Il en offrit à ses hôtes, qui, pour n'être pas en reste d'amabilités, le convièrent à dîner. pour le plus prochain jour. On ferait, en son honneur, une soupe aux choux, renommée de la maison.

— Oui, je sais que tu la fais bonne, dit-il à Milent, et je m'en régale d'avance, mais je m'appartiens si peu ! On me relance de toutes parts...

Et comme on insistait, il déclara, après avoir consulté minutieusement un carnet tiré de sa poche :

— Pas possible avant le 26...

— Eh bien, va pour le 26, consentit Milent,

j'inscris la date... Et surtout n'oublie pas!

— Sois sans crainte !

Depuis lors, nous attendions cette date du 26 avec impatience. Je devais assister au repas et je me promettais d'ausculter à fond mon bonhomme que j'avais eu à peine le temps d'entrevoir. Sa présence constituerait une « attraction » pour le débit. Déjà tout le quartier en était informé et Mme Milent, décidée à traiter, selon son rang, cet invité de marque, en perdait la tête et s'effrayait de ses responsabilités d'amphytrionne. Véry prenait à ses yeux figure de héros national. Elle ne savait de quels reliefs de choix congruents enguirlander son plat de résistance, sa plantureuse soupe aux choux. La veille de ce notable événement, elle n'en finissait pas de me consulter sur la composition du menu, la décoration du logis, le placement des convives, car elle avait lancé des invitations et la chose menaçait de dégénérer en banquet, si bien que la demie de sept heures nous surprenait en plein règlement de détails protocolaires. J'avais, avec moi, trois amis, libres de leur soirée, venus me quérir pour aller dîner sur les boulevards. Il ne nous restait plus qu'un parti à prendre, celui de nous installer dans l'établissement et d'y effectuer notre repas, de compagnie.

Ces trois amis étaient : le futur édile parisien Léon Riotor, le futur commissaire aux délégations Frédéric Marion et le futur amiral Varney.

Varney, celui-là même qui s’est illustré, pendant la guerre, sur les bords de l’Yser, à la tête des fusiliers marins, n’était, pour l’heure, qu’aspirant de marine, en permission, de passage à Paris. Nous nous étions connus à Charlemagne. Nous échangions des poèmes d’un lyrisme juvénile et déjà il m’étonnait par ses qualités d’entrain et de décision. Ce petit bout d’homme, haut comme une botte, avec un teint jaune et un profil à la Bonaparte, respirait l’héroïsme. Je m’imagine quel irrésistible entraîneur d’hommes ce dut être sur les champs de batailles, où il s’est couvert de blessures et d’exploits. Je l’ai revu depuis, gouverneur du Havre, vers la fin de la guerre, la même flamme intrépide dans les yeux, en dépit de ses cheveux blancs, s’irritant du poste sédentaire où l’avait cloué son état, brûlant de courir à de nouvelles aventures et n’ayant pas de repos qu’il n’eût obtenu de repartir guerroyer en Cilicie. A ce dîner lointain, il nous conta ses voyages, Il avait déjà fait le tour du monde. Il nous parlait de contrées perdues, presque chimériques, de l’Orient, des pays brûlés du soleil, du « Kamsim » qui, pendant quarante jours, rend l’air irrespirable, chez les Danakils, nous révélait la façon dont, en Apharras, les maris jaloux s’assurent durant une absence de la fidélité de leurs femmes. Ils les enduisent, en partant, sur certaine partie du corps, d’un onguent spécial dont l’odeur tenace ne manquerait pas de dénoncer les galants assez imprudents pour s'y frotter. Et Varney disait les préjugés superstitieux de cette race, considérant la photographie comme une chose diabolique, à tel point que les prostituées elles-mêmes, fut-ce à prix d'or, se refusent énergiquement à poser devant l'objectif.

— Leur répulsion à cet égard est si vive, affirmait-il, qu'elle résiste à toutes les tentations. Je me souviens qu'un jour un Crésus anglais amateur de clichés pittoresques, en excursion, dans ces parages, s'était mis en tête de prendre une vue du quartier chaud, relégué à l'extrémité de la ville, toujours grouillant d'une foule agitée et bavarde. Je l'avais mis en garde contre les périls et les difficultés de l'entreprise. Et lui, de me rire au nez, en faisant sonner ses poches, pleines de roupies : « Avec ça, pas d'obstacles! » Il était tellement sûr de la réussite qu'il m'invita à le suivre. J'acceptai malicieusement pour jouir plus vite de sa déconvenue. Nous partons. Son domestique nous suivait, portant l'appareil soigneusement enveloppé afin d'éviter les commentaires fâcheux des indigènes et de ne pas donner l'éveil. Dès qu'elles nous aperçurent, ces dames, supputant un coup de fortune, se mirent à nous aguicher de gestes prometteurs et de cris étourdissants. Elles se ruèrent sur nous comme une nuée d'abeilles sur un champ de serpolet, cherchant à nous entraîner dans leur paillote, tandis qu'au contraire nous voulions les en tirer toutes dehors. Une méfiance instinctive les faisait se rejeter sur leur seuil. Il fallut longtemps avant de calmer leur effervescence et pouvoir parlementer. Nous réussîmes à les grouper, tant bien que mal, sous un faux prétexte, mais dès qu'elles virent sortir l'objectif de ses langes, ce fut un *sauve-qui-peut* éperdu et un concert de malédictions derrière les portes brusquement refermées. Mon Anglais s'avisa en vain d'un roué stratagème. Il jeta des poignées de roupies dans la ruelle et courut se poster derrière l'appareil dressé et mis au point, dans l'espoir que ces dames alléchées par l'or, sortiraient de leur réduit, pêle-mêle, pour le ramasser. L'instantané n'en serait que plus réjouissant mais le bonhomme en fut pour ses frais. Aucune ne bougea. Après une longue attente, nous dûmes nous retirer comme nous étions venus. En désespoir de cause et, pour utiliser ses plaques vierges, l'Anglais, en cours de route, photographia une file de chameaux qui passait, ce qui lui permit de répondre à son retour à l'hôtel, aux gens, qui s'inquiétaient de savoir s'il avait réussi : « Oui, dans une certaine mesure ! »

Quand Marion empoignait le récit, c'était pour nous camper de verve quelques silhouettes d'originaux, pris dans le vieux personnel de la préfecture de police, qu'il avait eus sous les yeux. Parmi les perles de sa galerie de phénomènes, figurait le père H. m. n., commissaire de police du quartier Saint-Ambroise, breton têtu, attaché aux vieux usages, dont le haut-de-forme monumental datait du temps de Balzac et dont l'accoutrement antédiluvien faisait la joie des gamins, dans les rues. Ce commissaire ne manquait ni de finesse, ni de malice. Il a laissé des *Mémoires* où, à défaut de style, ces qualités se retrouvent, mais le commerce des hommes l'avait amené à une telle misanthropie, qu'il les estimait moins que les animaux. Seul, sans famille, il avait ramené sur son chien ses tendresses et son besoin d'affection. Caligula avait promu son cheval à la dignité de consul. Lui avait promu son chien à la dignité de confident. Il exigeait au café, où il l'asseyait en face de lui, que le garçon lui ménageât, à défaut d'égards, quelque empressement, car il lui faisait servir une consommation, qu'il lui versait à mesure dans la soucoupe. De même, au restaurant, il exigeait qu'on lui dressât un couvert vis-à-vis du sien et veillait à ce qu'il reçût sa part du menu complet, qu'il payait, au tarif fixé, comme pour un invité. C'était une fantaisie qu'on lui passait dans le quartier, à cause de sa qualité. La clientèle riait de ce monsieur dînant en tête à tête avec son chien et qui consultait ses goûts. Il lui lisait la carte à haute voix, jusqu'à ce qu'un jappement approbatif vînt l'avertir de la friandise convoitée. On l'entendait crier : « Garçon! deux œufs pour moi et une côtelette pour

Tom! » et le garçon apportait dévotement sa côtelette à M. Tom, qui, d'ailleurs, habitué à ce manège, montrait quelque souci de savoir-vivre. Loin de se jeter goulûment sur la nourriture, il attendait que son maître la lui eût coupée en petits morceaux. Il arrivait parfois que le rôti se fit attendre. Tom affamé grognait et le garçon devait s'excuser : « Un petit bout de patience, M. Tom ; la grillade, ce n'est jamais prêt d'avance! » Même au théâtre, le commissaire ne se séparait pas de son toutou, il lui offrait un fauteuil voisin du sien et Tom semblait prendre plaisir à suivre la représentation. Il n'aboyait jamais en société et c'est pourquoi les contrôleurs, outre les égards dus à M. le commissaire de service, le toléraient. Aussi bien les services du théâtre du père H. m. n. se confinaient aux salles de quartier : Beaumarchais (disparu), Déjazet, Cirque d'hiver, Bataclan.

Mais un olibrius de haute futaie, ç'avait été ce vieux grigou de père De T... qui venait de mourir, après avoir instrumenté longtemps dans le quartier de la Villette, pris, sur ses derniers jours, d'une étrange manie, qui lui faisait ramasser les bouts de papier qu'il rencontrait en chemin. Il avait dans un but d'économie, délibérément rompu tout commerce épistolaire avec ses chefs de la Préfecture et du Parquet, et ne laissait rien sortir des dossiers de ses bureaux. Même ceux qu'il recevait du dehors et jusqu'aux rapports d'agents, il les classait soigneusement dans son cartonnier et les mettait sous clé, par avarice, comme si ce fussent orfévreries précieuses ou pièces de collection. Il poussait la méfiance jusqu'à venir faire lui-même, chaque matin, le nettoiement de son bureau. On l'y trouvait en calotte, en tablier bleu de concierge, un plumeau ou des pincettes à la main, fouillant jusque dans la corbeille aux rebuts, pour en retirer les bouts de papier blanc qui pouvaient encore servir aux libellés indispensables. On pense bien que le bonhomme se souciait peu de répondre aux demandes d'enquêtes du Parquet. Il se riait de la fureur où son entêtement jetait le procureur de la République et les juges. Ça ne pouvait pas durer. Il mourut à temps pour esquiver le scandale et les sanctions inévitables, mais on trouva, dans ses armoires, un nombre si considérable d'affaires classées, malgré leur caractère d'urgence, que le personnel du commissariat ne pouvait suffire à leur dépouillement. Il fallut détacher trois secrétaires suppléants des services du centre. Encore ne vinrent-ils à bout de leur besogne épuratrice qu'après un travail enragé de plusieurs semaines. Marion avait été de ceux-là et il nous révélait les étranges annotations que le père de T... mettait en marge de ses dossiers avant de les jeter dans ses tiroirs. Il avait lu, en travers d'une lettre du procureur général, exigeant sur un ton impérieux et comminatoire, par retour du courrier, un document de haute importance, ces mots, dûs à la plume du facétieux *quart-d'œil*, et dont le moulage témoignait d'une application satisfaite : « Gueule mon vieux, gueule tant que tu voudras après ta pièce ; tu ne l'auras pas! »

Léon Riotor achevait de nous divertir en apportant, de son côté, un contingent d'anecdotes sur la bohème littéraire et artistique, qu'il avait traversée. Tout jeune encore, il avait derrière lui un long passé de légendes et d'entreprises. A l'âge où les autres achèvent d'user leur fond de culotte sur les bancs de l'école, il fonctionnait dans les journaux de province et s'était, même à Paris, ouvert la porte des grands quotidiens. Il avait inventé un mode de journalisme qui, depuis, a fait merveille : *l'interview*, ce qui lui permettait de se glisser partout et d'explorer tous les mondes. Il ne comptait plus ses créations. En 1883, il avait contribué à organiser le groupe de *Nous autres*, qui faisait appel à « tous les indépendants de lettres, aux hardis, aux novateurs, aux révoltés » et où se rencontraient, à l'entresol fuligineux d'un « bouibouis » de la rue Notre-Dame-de-Nazareth, des êtres singuliers : un insurgé à tête de Christ, Marius Rety, qui se cachait sous le nom de Claude Bretin, parce qu'il était déserteur ; un autre insurgé, plus jeune d'âge, Jules Bernard, l'auteur d'un roman, paru à la *Justice* et qui finit par se suicider. Tous les adhérents n'étaient pas si frottés de cramoisi, puisque c'est là que venait débiter des monologues de son cru, un jeune employé du chemin de fer du Nord, qui devait se faire un nom comme vaudevilliste : Antony Mars; et que, pour la première fois, récita ses vers en public, un jeune poète destiné à connaître la gloire.

— J'avais, disait Riotor, rencontré ce jeune homme au café Corrazza, lors d'une réunion de poètes patriotes, annoncée dans les avis divers des journaux, et présidée par Marc Bonnefois. Noir, binoclé, l'inconnu se tenait à l'écart, devant un bock, si timide qu'il n'osait le porter à ses lèvres de peur que son geste ne le fît remarquer. Cette réserve, au milieu de gaillards ruisselants de faconde, m'étonnait. J'allai m'asseoir à ses côtés et l'interpellai prudemment.

Après beaucoup d'hésitations, il finit par me confier qu'il arrivait de Lille, sa province, avec sa mère veuve et un plus jeune frère. Il avait obtenu un emploi d'expéditionnaire à la préfecture de la Seine. Sur ma demande, il m'avoua, en rougissant, qu'il faisait des vers. Il était difficile de s'entendre dans le bruit des déclamations braillées à pleins poumons. Je l'entraînai dans un débit voisin. Il consentit alors à me montrer des vers qu'il portait sur lui. Ces vers, tracés d'une écriture régulière d'employé comptable, étaient fort beaux et signés : A. S. Je choisis un sonnet, les *Domp-*

teuses, que j'avais l'intention de publier dans le *Réveil*, où il parut effectivement le surlendemain, et le priai de compléter les indications de la signature. J'appris ainsi qu'il se nommait Albert Samain. Il ne connaissait personne à Paris. Je lui proposai de le faire admettre à *Nous autres*, ce à quoi il voulut bien consentir. Lorsqu'il y parut, sa réserve jeta un froid. « Quel est ce catéchumène qui nous arrive ? » se soufflait-on avec inquiétude, mais quand on sut qu'il était l'auteur des *Dompteuses* qu'on avait lues dans le *Réveil*, on lui fit fête. Ce qu'il récita par surcroît acheva de lui concilier les sympathies. On l'emmena les jours suivants à Montmartre, au *Chat-Noir*, au Quartier latin, partout...

— Une autre rencontre, poursuivait Riotor, m'est restée présente à la mémoire. Salis, le tenancier du *Chat-Noir*, s'intéressant aux débuts d'un jeune écrivain, m'avait remis son livre, en me priant de le divulguer dans les journaux. C'était le *Christophe Colomb* de Léon Bloy, alors totalement inconnu. J'en fis un « papier élogieux dans le *Mot d'ordre*. Pour marque de satisfaction, Léon Bloy m'offrit à dîner au cabaret. Il me prouva, à cette occasion, qu'il ne se nourrissait pas seulement d'exégèses et qu'il manœuvrait aussi bien des mâchoires que de la plume. Il me prouva, en outre, que s'il se plaisait à secouer les éclairs des prophètes, il n'était pas ennemi de la farce. C'est ainsi qu'au sortir du cabaret, comme nous nous acheminions, l'esprit tranquille, vers la rive gauche, il lui prit fantaisie de s'arrêter devant un logis hospitalier célèbre, voisin de la Bibliothèque Nationale, et de m'y entraîner faire un tour. Il va sans dire que tout se borna à un examen très bref du personnel, rassemblé en toute hâte, et exhibé en grande pompe, toutes voiles dehors, si j'ose ainsi parler. La patronne, inquiète de nos mines indifférentes et redoutant d'avoir à enregistrer une fausse alerte, insistait pour nous appâter, déployant à notre adresse un trésor d'éloquence qui se voulait persuasive. Bloy l'encourageait de son silence. Quand elle fut au bout de son rouleau, lasse de faire évoluer ses troupes, Bloy, s'inclinant profondément comme il eût fait devant une noble et révérente douairière, lui dit, avec une studieuse gravité : « Madame, en dépit de la meilleure volonté du monde, il nous est impossible d'avoir commerce avec un personnel usagé ». Et nous sortîmes, d'un pas très digne, pour aller achever la soirée dans une interminable partie de billard, au *Café de Cluny*.

Tandis que nous devisions à l'abri de la travée, le cocher de fiacre Kuhlen et sa femme, habitués des lieux, prenaient leur repas, dans la salle commune. A neuf heures, l'homme était reparti en course sur son siège et la femme, la boutique vidée de son dernier client, vint par désœuvrement donner un coup de main à la patronne et se mêler de notre service. Sa malice espiègle y fut un nouvel élément de gaîté.

Varney, suivant l'usage des marins, pressés de se libérer à terre des économies amassées à bord, avait offert le champagne. Il eût été peu galant de ne pas admettre cette corvéable volontaire, au même titre que les patrons, à trinquer avec nous. On semblait ainsi prendre un acompte sur la fête du lendemain dont l'organisation revenait sur le tapis.

Riotor avait, entre temps, évoqué le souvenir du dîner de crémaillère de son *Phalanstère* de Montmartre où, par un raffinement renouvelé de l'antique, il avait imaginé de faire accompagner chaque plat non seulement de crus adaptés, mais d'un éclairage et d'une musique spéciales. Cette idée d'un dîner en couleurs et fredons variés agréait à Mme Kuhlen.

— C'est dommage, dit-elle en riant, tournée vers les époux Milent, que vous ne puissiez pas nous procurer ça pour demain.

Les époux Milent s'avouaient, de bonne grâce, démunis, à ce point de vue, de compétence et de ressources. Ils avaient dû même renoncer, à cause de l'exiguité de la salle, à l'écusson et aux faisceaux de drapeaux projetés. L'ornementation s'en bornait à quelques girandoles de papiers peints, encore disposées parcimonieusement et avec une telle insouciance des lois de la symétrie que l'effet de splendeur escompté était loin de se produire.

Je n'y retrouvais pas l'éclat des lieux destinés à servir de cadre à une cérémonie officielle.

— Au surplus, fis-je, si bien décorés fussent-ils, il y manquera toujours la seringue de Platon.

La remarque s'adressait à mes compagnons lettrés. Je faisais allusion à la seringue, chargée de vent de cour, puisé au palais du roi Denis, que Béroalde de Verville, dans son *Moyen de parvenir*, met aux mains de Platon pour asperger de majesté l'enceinte de son sénat imaginaire.

Ce mot de « seringue » jouit d'un effet souverain sur les imaginations populaires, Mme Kuhlen, en sa qualité de commère, en fut prise, sur sa chaise, d'une telle convulsion de rire, qu'on craignit qu'elle n'en vînt à manquer de souffle et s'étouffer. Et comme rien n'est plus contagieux que le rire, tout se mit à rire autour de nous, la table, les verres, les bouteilles, les murs et leurs girandoles de couleur. Le lieu sonnait d'une hilarité si franche que le cœur de Milent s'en attendrit. Désireux de voir « remettre ça » le plus tôt possible, il décidait d'inviter la tablée entière au festin du lendemain.

Mes compagnons s'excusaient, arguant poliment du manque de place, du surcroît de besogne, de la gêne qui s'ensuivrait... Milent ne voulait rien entendre :

— On s'arrangera... Je fermerai la boutique, au besoin ». Les deux femmes, tenacement, venaient à la rescousse :

— « Laissez-vous faire!... Plus on est de fous, plus on rit! » Et comme la tablée, pour se libérer d'une si vive insistance, faisait mine de vouloir se rendre, la Kuhlen, au comble de ses vœux, ivre de joie et de champagne, explosa d'un grand geste et d'un lyrisme faubourien :

— Chouette alors!... On rigolera!

Elle n'avait pas achevé que la porte de la rue s'ouvrait avec une violence insolite qui nous dressait tous debout. Presque aussitôt Kuhlen parut, la tunique en désordre, ébouriffé, tête nue, avec une expression de figure terrifiée. Il voulait dire quelque chose. L'émotion le paralysait. Le pressentiment d'un malheur était entré avec lui. Nous brûlions de savoir : « Qu'y a-t-il?... Parlez! » Il s'était écroulé sur une chaise, la main à la gorge comme pour nous manifester que les paroles s'y étranglaient. Enfin, dans un suprême effort il jeta :

— La boîte à Véry vient de sauter!

— Pas possible!

— Aussi vrai que je vous l'dis!

Puis, avec des mots entrecoupés qu'il s'arrachait au fur et à mesure, il fit comprendre qu'il passait devant l'établissement, revenant à vide, lorsque l'explosion s'était produite. Il avait failli être atteint par l'éclatement formidable de vitres et de plâtras qui s'en était suivi. Il n'avait échappé à la mort que par miracle. Son cheval s'était emballé et abattu cinq cents mètres plus loin.

Je courus sur le trottoir. Une rumeur sinistre montait de Paris. Je revins prendre mon chapeau, décidé à me rendre sur les lieux. Mes amis tinrent à m'accompagner et nous gagnions prestement le faubourg Saint-Denis que nous descendions à toutes jambes.

Plus nous avancions, plus l'ambiance se chargeait d'une oppression tragique. Des gens couraient affolés et, le dernier barrage de police franchi, nous restions cloués de stupeur devant le spectacle qui s'offrait. La force de l'explosion avait coupé les conduites de gaz, éteint les lumières. Un long espace noir bâillait sous nos yeux comme le vestibule du néant. Seul, là-bas, près des murailles éventrées et fumantes, qui évoquaient l'image d'une ville prise d'assaut et mise à sec, le groupe des sapeurs-pompiers s'agitait dans le halo fantastique des torches, comme une hallucination de fantômes. On sortait les cadavres des décombres. Partout c'était l'image de la désolation et de la mort. Nous apprîmes d'un agent que Véry se trouvait parmi les victimes. On l'avait ramassé sous les débris de son comptoir, les jambes broyées. A quoi bon pénétrer plus avant? Les sauveteurs étaient en nombre. Nous ne pourrions leur être d'aucun secours. Loin de les soulager, notre présence risquait de leur apporter une gêne inopportune. D'ailleurs nous étions suffisamment saturés d'angoisse et il devenait de plus en plus difficile de nous diriger sur la chaussée, transformée en marécage et où nous trébuchions dans la manœuvre des tuyaux, courant à terre, et les gerbes d'eau jaillies de leurs fissures.

Nous revenions sur nos pas, sans une parole, le cœur serré, et nous rentrions dans la foule, maintenue péniblement à distance par le service d'ordre qu'elle s'efforçait de rompre. Cette foule se faisait bruyante et agitée à mesure que nous la traversions. On y dévisageait des mines patibulaires. On y coudoyait l'écume des rassemblements nocturnes, la populace descendue des faubourgs, ces pêcheurs en eau trouble, toujours à l'affût d'un coup de chien, d'une bousculade, et qui traînent partout, avec eux, le spectre et les grondements de l'émeute. Des loustics, pour qui tout attroupement est sujet de liesse, chantaient à pleine voix, se renvoyaient des lazzi, chahutaient les femmes. Ce n'est qu'au prix de mille difficultés que nous arrivions à nous dégager de cette cohue où de grands blousards ivres se congratulaient de l'événement comme d'une bonne farce jouée à la police ennemie : « Ah ! disait l'un, parlant des victimes, encore quelques vaches de moins ! On en a marre des flics et des cognes. Le rêve, mon vieux, ça serait qu'ils y passent tous, jusqu'au dernier. Tu parles, alors, d'une nouba ! »

XXIII

LES TRIBULATIONS D'UN MAGISTRAT

Suivant ma promesse faite à M. Dresch, j'avais parlé de sa difficulté de se loger à mon propriétaire ami. Il s'était esclaffé dès les premiers mots :

— Comment, les gens en sont venus à ce point d'affolement ? C'est ridicule. Dites bien à M. Dresch que je tiendrai à honneur de l'avoir pour locataire. J'ai précisément un appartement vacant. Il pourra y emménager pour le terme de juillet, plus tôt même, dès quelques petites réparations nécessaires terminées.

J'avais annoncé la bonne nouvelle à l'intéressé qui me remerciait dans la huitaine par une lettre où il m'avisait que l'affaire était conclue, mais, le surlendemain de l'explosion Véry, je voyais entrer mon propriétaire, tête basse, qui s'avouait contraint de reprendre sa parole.

— Eh quoi ! m'exclamai-je, interloqué ! On m'avait dit l'engagement signé.

— Il l'est en effet, mais si vous saviez la musique que me font mes locataires depuis qu'ils en ont eu vent ! Ils menacent de s'en aller. Je dois céder à leur pression. J'avais essayé de les rassurer en leur représentant que la maison serait surveillée, mais ce qui vient de se passer, boulevard Magenta, en arrive à me faire douter de la vertu de la répression. J'ai consulté mon avocat. La nullité de l'engagement peut être plaidée. Il y a cas de force majeure. Je ne pense pas d'ailleurs en venir à cette extrémité. Je suis disposé à verser à M. Dresch l'indemnité de dédit qu'il exigera et j'ai compté sur vous pour le préparer à une transaction nécessaire.

La commission était pénible, d'autant plus qu'avec cette affaire Véry sur les bras, je risquais de trouver le magistrat en proie à des préoccupations plus pressantes. Je ne m'y résolus qu'au bout de quelques jours. Un matin, aux approches de midi, je me rendis au commissariat du passage du Désir. Les abords en étaient bien gardés. C'était l'état de siège. Je me sentais scrupuleusement dévisagé, en cours de route, par des regards méfiants qui soupesaient mes poches, comme pour voir si ne s'y dissimulait pas quelque engin suspect. Mes gestes étaient étudiés. La grille du passage demeurait fermée. Des gardiens de la paix en uniforme se tenaient au guichet, qu'on ne pouvait franchir qu'après avoir justifié de son identité et d'un motif urgent. Jusque dans l'escalier du commissariat, des agents postés. Je connaissais les lieux puisque j'y avais fait jadis un stage de suppléance. J'entrai donc résolument, un peu surpris de ne rencontrer que des visages inconnus. Il me fallut parlementer longuement avant de pouvoir être introduit dans le cabinet du magistrat, avant même de savoir s'il était présent céans. Les employés ne me répondaient que d'une façon évasive, après s'être consultés du regard comme s'ils craignaient d'enfreindre une consigne et de se compromettre. Je dus insister, élever le ton, en jouant de ma qualité. On finit par me dire confidentiellement : « Le patron est là, mais il est fatigué et ne veut qu'on le dérange qu'à bon escient. »

— Eh bien ! faites-lui passer ma carte et dites-lui que le motif qui m'amène est des plus urgents.

Un employé prit ma carte en rechignant, comme à regret, et s'éloigna sans hâte. Il revint bientôt, transformé, tout miel et sucre, et me fit signe que je pouvais pénétrer dans le sanctuaire.

Je trouvai M. Dresch étendu sur un sopha, dans la nuit des rideaux tirés. Il s'excusa de me recevoir ainsi. Il était en proie à une migraine atroce. Je ne m'étonnai pas, l'y sachant sujet. Et le surmenage de ces jours passés se lisait sur ses traits fatigués.

— Je n'ai pas dormi depuis huit jours, m'expliquait-il, tout mon temps se passe en alertes, en enquêtes, en perquisitions. Les agents sont pendus à ma sonnette. Je ne suis pas plutôt rentré chez moi, qu'il me faut ressortir.

Néanmoins, il fit effort pour retrouver sa

bonne humeur habituelle, et fixer sur ses lèvres un sourire qui lui échappait.

En le voyant dans cet état, je n'osais plus lui avouer le sujet de ma visite, de peur d'ajouter à sa dépression. C'est lui-même qui, mû par une secrète intuition, orienta la conversation de ce côté. Il ne parut nullement surpris de ce revirement. Il s'y attendait. Il s'égaya du projet d'indemnité auquel il n'aurait jamais songé et c'est en plaisantant qu'il me dit : « Me voilà *indesirable* ».

— S'il ne s'agissait que de moi, poursuivit-il d'un ton plus grave, j'en prendrais aisément mon parti, mais il y a les miens. Je suis chargé, vous le savez, d'une nombreuse famille, ma femme, cinq enfants, une sœur infirme. Tout cela est dispersé chez des amis. Moi, je suis obligé de rester à mon poste et de coucher à la maison. Il faut bien que l'on puisse me trouver à l'occasion. Et la maison est difficile à surveiller. Il y a un lavoir, dans la cour. Je ne m'en effraye pas ; il est toutefois assez humiliant de se sentir pour tous un objet d'épouvante. Mes voisins n'aspirent qu'à ma disparition et quelle vie que la mienne !

Sa main me désignait un tas volumineux de paperasses éparses sur sa table de travail :

— Regardez ce courrier. C'est celui que je reçois chaque matin. Ce sont des lettres de menaces. C'est devenu le petit jeu à la mode. Il m'en vient de partout, même d'Amérique. On a beau ne pas y attacher d'importance, cela énerve à la longue.

Il s'interrompit un instant. On venait lui apporter une pièce urgente à signer. Il fit ouvrir les rideaux, clignota de l'œil sous la ruée du jour, se leva lentement, ajusta son lorgnon et vint s'asseoir à son bureau, pour prendre connaissance du document, avant d'y apposer son paraphe.

J'en profitai pour examiner son cabinet, aussi chargé de peintures encadrées qu'une salle de musée. C'étaient ses œuvres dont il aimait à s'entourer : paysages, natures mortes, portraits. Le tout plein d'inexpérience (il n'avait jamais appris), mais témoignant d'heureuses dispositions et d'un tempérament inné de coloriste.

— Vous avez donc renouvelé votre personnel ? demandai-je, au départ de l'employé. Je ne vois ici que des étrangers.

— De mes deux inspecteurs, l'un, Eydaleine, est en congé. L'autre, Giraud, est malade. Ce sont deux gardiens de la paix en civil qui les remplacent.

Connaissant Giraud, je m'inquiétai de la nature de sa maladie.

— Comment ?... vous ne savez pas ? fit le magistrat étonné... vous ne lisez donc pas les journaux ?

Et comme je secouais la tête :

— Figurez-vous qu'avant-hier matin une

lettre nous parvient signalant un suicide dans un hôtel garni du faubourg Saint-Martin. Giraud, chargé de la vérification, s'adresse au logeur qui se déclare ignorant de l'affaire. La lettre portait l'indication du n° de la chambre. Cette chambre avait été louée la veille à un inconnu dont on ne s'était plus inquiété. Le nom qu'il avait donné était bien celui de la lettre. Giraud, convaincu qu'il s'agit réellement d'un suicide, monte à la chambre. La porte était fermée en dedans. Il se met en devoir de l'ouvrir avec un passe-partout. La résistance qu'il rencontre lui fait penser que l'homme s'est pendu derrière la porte. Il donne une violente poussée. Patatras ! la porte, en s'ouvrant, déclenche un mouvement de bascule établi au-dessus. Une bombe roule à ses pieds. Elle n'a pas éclaté, heureusement, mais au laboratoire municipal elle a été reconnue pour extrêmement dangereuse. Inutile de vous dire que la chambre était vide et que la lettre était un stratagème d'anarchiste. Ce pauvre Giraud a eu les sangs tournés. Il n'était déjà pas d'une santé si solide. Il a dû s'aliter et garder la chambre depuis lors. Voilà dans quelle atmosphère nous vivons ici, entourés de pièges et de dangers, et la terreur règne. Mon personnel est découragé et je comprends que tous éprouvent le besoin de se défiler. Mon secrétaire Kremer avait demandé son changement et, comme on le lui a refusé par cette excellente raison que personne ne se soucie de prendre sa succession, il m'a prévenu hier soir qu'il préférait donner sa démission. Me voilà sans secrétaire. Ce n'est pas drôle d'être abandonné par ses troupes en plein coup de feu et la situation risque de se prolonger longtemps. C'est tout naturel. Quel secrétaire consentirait à venir ici ?

— Moi ! fis-je, en saisissant la balle au bond, heureux de me délivrer d'une tutelle intolérable.

Je m'étiolais au commissariat de la Chapelle. J'avais bien songé déjà, maintes fois, à solliciter mon changement, mais il eût fallu me dépenser en démarches. J'y avais renoncé par indolence et, n'ayant aucun poste en vue, qui me garantissait que je n'échangeais pas mon cheval borgne pour un aveugle ? On ne sait jamais sur qui l'on tombe. Or, M. Dresch représentait à mes yeux le patron idéal, serviable, courtois, obligeant, moins un chef qu'un camarade et il aimait les arts. Je n'aurais plus, avec lui, à me cacher de mes inclinations ni à redouter, comme une catastrophe, le simple fait de laisser traîner un livre de vers sur mon bureau.

Mon offre lui parut si insolite qu'il crut d'abord à une plaisanterie.

— Mais non ! c'est très sérieux, appuyai-je, je parle en toute sincérité.

Le commissaire, ragaillardi, semblait en oublier sa migraine. Il me considéra un moment avec des yeux stupéfaits.

— Quoi ! vous consentiriez ?

— Séance tenante !

Et je rédigeai ma demande.

— Il était donc écrit, me dit-il, en la recevant de ma main, que nous nous retrouverions à chaque tournant difficile et que je vous verrais toujours accourir à l'heure du danger.

Ce disant, il faisait allusion au temps où nous avions supporté, au commissariat du Val de Grâce, la fureur du monde officiel déchaîné. C'est nous qui avions déclenché l'affaire Wilson, bien innocemment d'ailleurs, puisque nous nous refusions à croire à la complicité de l'Élysée ; mais, cette complicité établie, M. Dresch, prisonnier de sa conscience, avait refusé d'altérer, après coup, ses procès-verbaux, même sous menace de révocation. M. Gragnon, alors préfet de police, n'osa pas recourir à cette mesure et ne trouva qu'un moyen de dessaisir M. Dresch de son enquête, c'était de le déplacer. Il l'envoya en disgrâce au quartier de l'hôpital Saint-Louis, tandis que mon tour de promotion me reléguait dans la banlieue d'Ivry. Depuis lors nous avions vécu séparés et le hasard nous remettait en présence, quand ce n'était plus seulement sa situation ni son honneur, mais sa vie qui était en jeu.

— Savez-vous, me dit-il en me donnant une tape amicale sur l'épaule, que vous êtes un héros !

Moi, un héros ! je ne pus m'empêcher de sourire en considérant combien il m'en coûtait peu de me donner couleur d'héroïsme. Ce qui m'inspirait, c'était tout simplement un misérable calcul égoïste. J'échangeais un ennui présent contre un danger aléatoire. Le bénéfice était tout pout moi. J'agissais à l'instar du soldat qui, las de se terrer dans la boue, finit par saluer comme une délivrance le fait de donner assaut à l'ennemi. Certes, l'idée me prit de détromper mon interlocuteur et de me débarrasser d'un éloge immérité, mais je craignais que l'aveu de mes dissentiments avec son collègue D... ne vînt l'inquiéter et lui inspirer quelque méfiance à mon endroit. Encore qu'il fût instruit de mon caractère et de mes aptitudes, il eût pu prendre ombrage de mes révélations, soupçonner de graves torts de mon côté. Mieux valait ne pas lui en souffler mot..

Un coup discret se fit entendre à la porte. Une jeune fille entrait d'un pas souple et familier. Et, sans doute, ne s'attendait-elle pas à rompre un entretien, puisqu'en m'apercevant, interdite et rougissante, elle fît mine de rebrousser chemin.

— « Reste, Émilie ! lui intima le commissaire, tu ne nous déranges pas. » Et se tournant vers moi :

— C'est ma fille aînée. Elle loge au loin. Nous ne nous voyons plus qu'à de rares intervalles. Vous permettez que je l'embrasse ?

— Comment donc ! À votre aise !

La jeune fille venait, en coup de vent, prendre des nouvelles de son père et de la famille dispersée. Un attendrissement mouillait ses grands yeux bleus limpides. Elle s'inquiétait des uns et des autres et même de la petite chienne *Follette* « qui devait bien s'ennuyer, toute seule ». Je la considérais, délicieusement rose et fraîche, dans son élégante toilette de printemps, sous un pimpant chapeau de paille à fleurs. On eût dit un rayon de soleil sur un parterre humide de rosée.

Je la voyais pour la première fois. Son père me présenta. Elle s'inclina d'un geste timide et gracieux et j'éprouvai à lui serrer la main une émotion singulière.

Par discrétion, je me hâtai de prendre congé de mes hôtes, laissant libre cours à leurs expansions familiales. Je redescendis, tout guilleret, le souffle élargi, trouvant un goût neuf au spectacle de la rue. Le monde me semblait transfiguré et je ne savais ce qui dominait dans mon allégresse, ou de l'espoir d'une mutation prochaine ou de l'éblouissement provoqué par la radieuse apparition.

XXIV

JE QUITTE LE COMMISSARIAT
DE LA CHAPELLE

Je reçus bientôt avis que ma requête avait été agréée en haut lieu et, comme un bonheur n'arrive jamais seul, j'eus la satisfaction de me réconcilier, en dernière heure, avec le père D..., peut-être pas si mauvais homme, au fond, que je me l'étais imaginé.

Je l'avais revu depuis notre violente altercation. Il n'y avait fait aucune allusion. Moi pas davantage, et nos rapports toujours empreints d'une certaine froideur, sans s'y être aggravés, avaient repris leur cours normal. Il avait bien fallu l'aviser de ma demande de changement. Je lui avais allégué le désir de me rapprocher de mon domicile. Il ne pouvait s'en froisser. Dès lors, je crus discerner chez lui moins d'aigreur. Il alla même jusqu'à me manifester le regret de me voir partir. Je ne savais à quoi attribuer ce revirement soudain. Était-ce le résultat d'un examen de conscience, ou avait-il eu vent d'un signalé service que je venais de lui rendre à son insu ? Le contrôle général enquêtait, à ce moment, sur ses négligences de service. Un agent était venu m'interpeller secrètement à son sujet. J'en avais profité pour décerner à mon persécuteur un certificat de zèle et d'exactitude, non que j'eusse oublié mes rancunes, mais simplement par ce qu'il me répugnait de me faire le complice d'un organisme d'espionnage occulte, détesté, tombé à de si viles pratiques qu'il ne rougissait pas de dresser des subordonnés contre leur chef et de faire état des plus stupides commérages. C'était le régime de la délation encouragée à l'excès. Il fallut l'avènement de M. Lépine pour porter le fer rouge dans cette gangrène et assainir les rouages de cette partie de son administration. Quoi qu'il en soit, le brave papa D... ne voulut pas me laisser partir sans m'offrir l'apéritif, ce qui était, à ses yeux, la plus haute marque d'estime qu'il put me témoigner. J'en profitai pour lui expliquer que « poète », et « journaliste » sont des mots d'une acception parfois fort différente et qu'on risquerait fort d'errer à les vouloir forcément considérer comme synonymes. Il finit par convenir qu'il avait été victime d'un malentendu et nous nous quittâmes bons amis après force poignées de mains vigoureuses. J'étais délivré d'un mauvais poids. Il me souriait de ne laisser aucun fâcheux souvenir derrière moi et c'est d'un cœur d'autant plus joyeux, qu'en mai 1892, je pris possession de mon nouveau poste, à ce commissariat de la porte Saint-Martin, 'objet, pour tous, d'alarmes et d'épouvantes, et dont l'explosion attendue, en dépit de ses airs de forteresse, n'était plus, dans l'opinion commune, qu'une simple question d'heure.

TABLE DES MATIÈRES

CORBEIL. — IMPRIMERIE ÉT.